Comte de **TOULGOËT-TRÉANNA**

NOBILIAIRE
DU BERRY

Extrait du XXe Volume des *Mémoires de la Société des Antiquaires du Centre.*)

BOURGES

TYPOGRAPHIE TARDY-PIGELET

IMPRIMEUR DE LA SOCIÉTÉ DES ANTIQUAIRES DU CENTRE

1895

NOBILIAIRE DU BERRY

Comte de **TOULGOËT-TREANNA**

NOBILIAIRE DU BERRY

(Extrait du XXe Volume des *Mémoires de la Société des Antiquaires du Centre.*)

BOURGES

TYPOGRAPHIE TARDY-PIGELET

IMPRIMEUR DE LA SOCIÉTÉ DES ANTIQUAIRES DU CENTRE

1895

LE ROY

(Armorial du Héraut Berry 1455)

NOBILIAIRE DU BERRY

Par le Comte DE TOULGOET-TRÉANNA

***

GÉNÉALOGIE DE LA MAISON LE ROY

BARONS DE BUXIÈRES D'AILLAC ET DE MARMAGNE
SEIGNEURS DE SAINT-FLORENT-SUR-CHER, DE NOZAY, DE
VILLENEUVE-SUR-CHER, DE VILLENOUX, DE GISAY, DE MOULIN-
NEUF, D'IVRY, DE TROUY, DE SAINT-CAPRAIS, DE MOR-
THOMIER, DU BOISSIRAMÉ, DU TREMBLAY, DE VOUZAY, DE
CONTRES, DE VIMPELLES, DE CHANTECLER, DE GALIFARD,
D'AUTHONVILLE, DE MONTDÉSIRÉ, DÉ BRENNETIN, ETC.

ARMES : *de sable à neuf tierce-feuilles d'or.*

AVANT-PROPOS

La Thaumassière, en son *Histoire du Berry*, a consa-
cré un chapitre à la famille Le Roy, « une des plus nobles et des plus anciennes de la ville de Bourges », mais
la généalogie qu'il en donne, incomplète et erronée
sur certains points, s'arrête à 1687, date de la publica-
tion du livre. Depuis lors, la famille Le Roy s'est per-
pétuée en plusieurs rameaux et a pris de nombreuses alliances dans les familles nobles de la province ;

la généalogie qui va suivre rectifie celle de La Thaumassière et la continue jusqu'à nos jours. Elle a été dressée en grande partie d'après de riches dossiers qui sont conservés au Cabinet des titres à la Bibliothèque nationale[1]. Les pièces justificatives qui l'accompagnent ont un certain intérêt d'histoire locale, on y trouvera notamment deux chartres de Philippe-le-Hardi concernant la mouvance de Saint-Florent et de Villeneuve-sur-Cher, et un fragment inédit des *Comptes de la Trésorerie* du duc Jean de Berry, se rapportant exclusivement à la province au cours d'une période (1383-1385) pendant laquelle les Comptes de l'hôtel de ce prince, détruits ou perdus, font absolument défaut.

FILIATION

I. PIERRE LE ROY, chevalier, seigneur de Saint-Florent-sur-Cher, de Villeneuve et de Nozay, obtint du roi Philippe-le-Hardi une charte datée de Lorris, au mois de juillet de l'an 1277, par laquelle ce prince, rappelant qu'il avait précédemment accordé à *Pierre Le Roy, chevalier*, le droit d'acquérir jusqu'à vingt livres parisis de rente en augmentation de son fief, tenu de lui en baronnie, sous condition de lui en faire hommage, accorde au dit Le Roy la permission d'y ajouter à nouveau la moitié des terres de Saint-Florent, Villeneuve et Nozay, avec justice haute et basse [2].

La Thaumassière nous apprend que par contrat reçu

1. *Pièces originales*, 2580 et *Carrés d'Hozier* — 558.
2. V. Pièces justif., n° 1.

par Pierre des Crosses, notaire juré à Bourges, Pierre
Le Roy acquit de Jehan des Barres, le cinquième jour
après le *Letare* de l'année 1278, l'autre moitié des terres de Saint-Florent et de Villeneuve.

Et, en effet, une seconde charte du roi Philippe-le-
Hardi, datée de Paris, au mois de février de l'an 1279,
permet à *Pierre Le Roy, chevalier,* de réunir dans un
même hommage les deux parties, par lui acquises, des
terres de Saint-Florent, Villeneuve et Nozay [1].

On ne connaît pas l'alliance de Pierre Le Roy ; il fut
père de :

II. GAUTIER LE ROY, seigneur de Saint-Florent et
de Villeneuve-sur-Cher fut, d'après un titre de la
Chambre des Comptes de Paris, commis en 1343 à recevoir la moitié des gens d'armes convoqués pour la
défense du Berry. Il fut père de :

3. GUILLAUME qui suit ;

3. JACQUELIN, premier pannetier du duc Jean de
Berry, figure parmi les écuyers dans le rôle des
Compagnies du duc de Berry au temps des guerres
de Flandres. Il donna quittance de ses gages le 31
octobre 1397 [2]. Dans les preuves pour l'Ordre de
Saint-Lazare d'Adrien Le Roy en 1721, il est fait
mention d'une épitaphe sise en l'église Notre-
Dame du Fourchaut, qui est celle de Gautier Le
Roy et de Jacquelin, son fils, mais on n'en donne

1. V. Pièces justif., nº 2.
2. V. Pièces justif., nº 3.

point la date [1]. Des Lettres de souffrance octroyées par le duc Jean de Berry en son hôtel de Bicêtre le 27 juillet 1409, nous apprennent que Jacquelin était mort alors et avait, d'une alliance inconnue, laissé deux fils, André et Jean, et deux filles, Jacquette et Guillemette.

III. GUILLAUME LE ROY, seigneur de Saint-Florent-sur-Cher et de Villeneuve, occupait une situation élevée près du duc Jean de Berry, car dans un des registres des Comptes de l'hôtel de ce prince, il est fait plusieurs fois mention de lui, notamment en l'année 1376, que Messire Jehan Trousseau fut envoyé de Nonette à Bourges « devers Guillaume Le Roy li parler de certain fait touchant Monseigneur », à cause de quoi le dit Jehan Trousseau, taxé pour ce à 20 sols tournois par jour, reçut 16 livres tournois [2].

De Guillaume Le Roy sont issus :

4. JACQUES qui suit ;

4. JEAN, fut député en 1348 par le roi, avec Pierre, seigneur de Graçay, et Jean Daugart, pour asseoir une imposition de 20 deniers pour livre au bailliage de Bourges.

Il était procureur du roi à Bourges en 1354, et d'après La Thaumassière, qui le qualifie Conseiller de Mgr le Duc, il était en 1367 « garde et gouverneur du bailliage de Berry en l'absence de M. le

1. V. Pièces justif., nº 9.
2. Arch. nat., K. K., 253.

bailly [1]. » On trouve dans les Comptes de l'hôtel
du duc Jean de Berry pour l'année 1372 que Mᵉ
Jehan Le Roy reçut trente francs d'or « pour deniers à lui empruntés par Monseigneur. » On sait
que ce prince était coutumier du fait. Jean fut
père de :

a. PAUL LE ROY, seigneur de Thérieux et
vicomte de Villemenard, n'eut qu'une fille,
Philippe, mariée en 1400 à Jean Georges,
écuyer seigneur de Barentheaume, conseiller
du duc de Berry et bailli de Gien [2].

b. JEAN LE ROY, seigneur de Villenoux et
de Gisay, comparut comme témoin dans un
partage de serfs entre l'abbé de La Ver-
nusse et André du Moustier. Il acquit la
terre de Janvarennes par acte passé le 1ᵉʳ
août 1409 par devant Jean Blanchon, notaire, qui le qualifie *armiger.* Il épousa par
contrat passé devant Étienne Clergat, au
mois de mars 1417, *die in ramis palmarum,*

1. *Hist. de Berry.* p. 46.

2. GEORGES porte : parti de gueules et d'argent, au lion de l'un
en l'autre, à l'orle de six croix alaisées du même. La Thaumassière commence la généalogie de cette famille à Guillemin,
damoiseau, seigneur de Vouzeron, tué en son château par les
Anglais en 1356.

On compte parmi ses descendants deux conseillers et avocats
généraux du duc Jean de Berry, un secrétaire du roi Louis XI,
un pannetier du duc d'Orléans, un lieutenant de la compagnie
d'hommes d'armes de Lansac, et plusieurs échevins de Bourges
depuis 1474.

Marie Savary, fille de Pierre Savary, chevalier [1], et de Marie de Passac.

La dot de la future était de 500 livres tournois. Ils eurent deux fils : Parceval, qualifié *scutifer* et seigneur de Gisay, et Jean, lesquels partagèrent en 1488 les biens de leur père, la mère encore vivante.

4. MARGUERITE, mariée à Jean Pellorde, seigneur de la Voûte et de Cologne [2], avec lequel elle donna, en 1374, la place de Noyer, pour bâtir l'église des Carmes, à Bourges.

IV. JACQUES LE ROY, seigneur de Saint-Florent-sur-Cher et de Villeneuve, était, en 1397, maître d'hôtel du duc Jean de Berry [3]. Il fut père de :

---

1. SAVARY porte : écartelé d'argent et de sable. Cette illustre maison, établie en Touraine dès le XIe siècle, a produit un chevalier des ordres, des chambellans du Roi, des ambassadeurs, des capitaines d'hommes d'armes des ordonnances, etc. Elle s'est partagée en deux branches principales, celle des marquis de Lancosme et celle des comtes de Brèves (par érection en 1625).

2. PELLORDE porte : de gueules à l'aigle éployée d'or, accompagnée de quatre croisettes recroisettées au pied fiché du même, deux en chef et deux en pointe. La Thaumassière commence la généalogie de cette famille à Henri Pellorde, vivant au XIIIe siècle et qui, sans doute, était frère de Pierre, qualifié chevalier dans un rôle du ban et arrière-ban de 1273, publié par de la Roque (*Traité de la noblesse*, p. 88). Elle a produit un sergent d'armes du roi en 1386, deux capitaines de gens d'armes au XVe siècle, un capitaine de la Grosse-Tour de Bourges, échanson du roi en 1450. Elle s'est éteinte dans toutes ses branches au XVIe siècle, et la dernière héritière du nom, fille de François Pellorde, seigneur d'Ourouer, épousa Adrien de Gamaches, vicomte de Raymond, maître d'hôtel du roi, d'où est sortie la maison de Gamaches.

3. Arch. nat., K. K., 253.

V. **MARTIN LE ROY**, seigneur de Saint-Florent-sur-Cher et de Molin-Neuf, maître d'hôtel de Jean de France, duc de Berry, figure comme témoin en 1395 dans une charte en faveur de l'abbaye de Saint-Laurent de Bourges. Il est mentionné comme maître d'hôtel dans les Comptes de l'hôtel du duc Jean de Berry en même temps que Jacques, son père, en 1397. Il mourut en 1410 et fut enterré en l'église des Cordeliers de Bourges où l'on voyait ses armes avec cette inscription : *Martin Le Roy, Seigneur de Saint-Florent, maître d'hostel de très haut et très puissant prince Monseigneur Jehan duc de Berry qui trespassa le 1er jour de l'an de grâce mil quatre cent dix, et Jacques Le Roy, son fils, escuier tranchant du dit prince et depuis escuier de cuisine du Roy Charles septiesme, le vingt-quatriesme jour d'avril l'an mil quatre cent soixante-huit.*

Martin Le Roy eut pour enfants.

6. Jacques qui suit ;

6. Simone, abbesse de Saint-Laurent de Bourges de 1443 à 1464. Elle est nommée dans les annales du couvent *Simone La Roïne* par suite, dit l'histoire du monastère, d'un usage local qui féminisait les noms de femmes [1]. Elle fut enterrée dans le sanctuaire de l'église abbatiale avec l'épitaphe que voici : *Cy gist noble dame Madame Simone La Royne qui jadis en son vivant a esté abbesse de céans par l'espace de 11 ans, et a esté sa sépulture avec Madame Souveraine de Cros sa devancière, laquelle*

1. *Histoire des Bénédictines de Saint-Laurent de Bourges*, p. 95.

dame Simonne La Royne trespassa le V° jor de Juillet l'an de grâce MCCCCLXIV. Priez Dieu pour les âmes d'elles. Pater noster. Ave Maria.

VI. JACQUES LE ROY, IIe du nom, Seigneur de Saint-Florent-sur-Cher, fut d'abord Ecuyer tranchant du duc de Berry puis Ecuyer de bouche du roi Charles VII. Il vendit, le 28 novembre 1433, à André Le Roy son cousin, conseiller du Roi et Correcteur des Comptes, la quatrième partie de Saint-Florent pour 200 réaux d'or. D'après La Thaumassière, il fit partage avec le même André Le Roy le 22 mai 1438. Il se maria deux fois, la première avec N. Chambellan[1] dont on voyait les armes parties avec les siennes dans la chapelle des Le Roy en l'église de Notre-Dame du Fourchaud, la seconde avec Macée Bricefornée ou Bricefournée, suivant La Thaumassière et Catherinot, de Bricefour ou Bricefort[2], d'après le dossier du Cabinet des titres. Il laissa de ces deux mariages :

7. MARTIN qui suit ;

1. CHAMBELLAN porte : d'or parti d'azur à la bande de gueules brochant sur le tout. Cette famille qui a porté les titres de vicomte du Perron et de baron de Vatimbourg aux xive et xve siècles, a produit un pannetier du roi Louis XI, un conseiller au Grand-Conseil en 1461, deux conseillers au Parlement de Paris, plusieurs conseillers et lieutenants-généraux au présidial de Bourges, et un échanson de la reine Charlotte de Savoie. Elle a pris alliance avec les familles de Clamecy, de Bar, Cambray, Refuge, Longueil, Toucy, La Loë, Francières, etc.

2. De *Bricii foro*. BRICEFORT, d'après une note provenant du dossier du cabinet des titres, porte : d'or au lion d'azur armé et lampassé de gueules, écartelé de gueules à quatre fasces ondées d'argent.

7. GODEFROY, qui continua la lignée et viendra en son lieu ;

7. GAUTIER ;

7. RAVAUD, chanoine de Bourges, archidiacre de Bourbon et Prieur de Saint-Laurian de Vatan, inhumé en 1502 avec son frère Gautier ;

7. FLORENT ;

7. JEAN ;

7. PIERRE ;

7. ANNETTE, mariée, en 1455, à Guillaume Stutt[1], archer de la garde écossaise du roi ;

7. MARIE, mariée en 1459, à Nicolas Bouffet[2] ;

1. STUTT OU D'ESTUTT porte : écartelé aux 1 et 4 palé d'or et de sable ; aux 2 et 3 d'or au cœur de gueules. Cette famille est originaire d'Écosse et alliée aux principales familles de son pays. Gauthier Stutt vint en France en 1419 avec Jean Stuart, comte de Buchan. au secours de Charles VI ; il devint, ainsi que ses trois frères Thomas, Guillaume et Jean, archer de la garde écossaise du roi qui lui donna la terre d'Assay en 1455. Thomas Stutt, qui continua la postérité, reçut des lettres de naturalité en 1474, et cette famille se répandit en Berry, en Guyenne, en Nivernais et en Bourbonnais. Le marquis d'Estutt de Solminiac a obtenu les honneurs de la cour en 1788 ; le comte d'Assay fut page de la reine Marie-Antoinette en 1775 ; le marquis de Tracy. maréchal-de-camp, mourut de ses blessures en 1766 ; son fils Antoine, comte de Tracy, maréchal-de-camp en 1792, sénateur, académicien en 1808. pair de France en 1815, avait épousé en 1779 Emilie de Durfort-Civrac, et mourut en 1836.

2. BOUFFET porte : d'azur à trois trèfles d'or 2 et 1. La Thaumassière commence la généalogie de cette famille à Thomas Bouffet, mort en 1385. Elle a pris alliance avec celles de Fradet, d Orsanne, Agard, Bigot, Bengy. etc.

7. PHILIX, mariée à Pierre Gentils [1], licencié-ès-lois, lequel fut échevin de Bourges en 1481 ;

7. AGNÈS, mariée en 1476, à Thomas Stutt, écuyer, archer de la garde écossaise du roi, frère de Guillaume.

VII. MARTIN LE ROY, IIe du nom, seigneur de Saint-Florent-sur-Cher, fut gouverneur de l'écurie des rois Charles VII et Louis XI, et aussi, d'après un titre de 1478 [2] receveur pour le roi des finances d'Outre-Seine. Il testa le 17 septembre 1491 et par son testament, reçu par Simon Babou [3], clerc juré et notaire royal à Bourges, il ordonne être enterré en l'église paroissiale de Notre-Dame du Fourchaut dans la chapelle qu'il a commandé de construire en la dite église ; il y fonde à perpétuité une chapelenie à la nomination de sa femme, de son fils Jacques et de ses hoirs « à perpétuel » par l'aîné de ligne en ligne ; il veut que le chapelain célèbre sept messes aux intentions suivantes : trois pour les âmes des défunts rois Charles VII et Louis XI « sous lesquels il a eu de grands biens et honneurs » et les quatre autres pour le repos de son âme et de celle de ses père, mère, parents et amis ; pour ce, il assigne cinquante livres tournois de rente à prendre

1. GENTILS porte : d'azur au chevron d'argent accompagné de trois têtes de lion arrachées d'or. Cette famille a donné des échevins de Bourges en 1481, 1502, 1536 et 1542.

2. V. Pièces justif., n° 5.

3. Ce Simon Babou a fait souche de très grands seigneurs ; son petit-fils, Philibert Babou de la Bourdaisière, épousa la célèbre Marie Gaudin qui répandit sur sa famille la pluie de faveurs que l'on sait.

sur la terre du Tremblay près Lury, qu'il avait acquise récemment de Thomas de la Fontaine. Il institue son fils Jacques son universel héritier, lègue à sa fille Charlotte, religieuse de Preuilhe au diocèse de Mirepoix, douze livres de rente sa vie durant ; et pour ce qui est de ses quatre autres filles, il déclare qu'il les a bien et notablement mariées et leur a donné assez largement de ses biens pour qu'elles et leurs maris aient renoncé par leur contrat de mariage à sa succession future et à celle de sa femme, et pourtant il leur lègue à chacune la somme de quinze cents livres tournois. Enfin, il nomme exécuteurs testamentaires : sa femme, son fils Jacques et son frère Mᵉ Ravaud Le Roy. Il mourut la même année et fut enterré dans sa chapelle de Saint-Florent, en l'église Notre-Dame du Fourchaut où se lisait cette épitaphe : *Cy devant gist noble homme Martin Le Roy, seigneur de Saint-Florent-sur-Cher, gouverneur de l'écurie du roy Charles VII et de Louis son fils, et depuis receveur général des finances d'Outre-Seine du roi Charles VIII, qui trépassa le dixième jour de décembre l'an mil quatre cens quatre vingt onze. Priez Dieu pour son âme.*

Martin Le Roy avait épousé Bienvenue Lallemant[1] et laissa de cette union :

---

1. LALLEMANT porte : de gueules au chevron d'or accompagné de trois roses d'argent. Cette famille, originaire d'Allemagne, était établie à Bourges dès le xiiiᵉ siècle, époque à laquelle La Thaumassière commence sa généalogie. Elle a pris alliance avec les familles Fradet, Trousseau, Sathenat, Hautemer, Champange, du Tillet, d'Aubray, Clermont-d'Amboise, de l'Hospital, etc., et a produit plusieurs receveurs généraux du roi en Normandie et en Languedoc, un conseiller au grand-conseil, un maître des requêtes de l'Hôtel, deux maîtres des comptes, un grand-audien-

8. Jacques, seigneur de Saint-Florent, de Saint-Caprais, de Morthomier et du Tremblay, contrôleur-général des finances en 1513, épousa Marie Briçonnet [1], fille de Jean Briçonnet, receveur-général des finances de Touraine et sœur de Guillaume, archevêque de Reims et de Narbonne, cardinal et chancelier de France. Il n'a point laissé de postérité.

8. Charlotte, religieuse de Preuilhe, au diocèse de Mirepoix.

8. Colette, mariée à Jean Girard [2], seigneur des Bergeries, échevin de Bourges.

8. Marie, mariée en premières noces à Simon Restes [3], et en secondes noces à Pierre Portier [4].

cier de France Jean Lallemant, dont la fille unique, Anne, épousa le marquis de Reynel, d'où les Clermont d'Amboise.

1. Briçonnet porte : d'azur à la bande componée d'or et de gueules de 5 pièces, chargée sur le premier compon d'une étoile d'or et une autre du même en chef. Cette maison, dont les branches ont porté les titres de marquis d'Oysonville et de Rozay et de comtes d'Auteuil, était représentée en Berry, au siècle dernier, par la branche d'Oysonville ; Bernard Briçonnet, marquis d'Oysonville, était seigneur de Germigny ; sa fille porta cette seigneurie à Jean Frezeau de la Frezelière, lieutenant-général des armées du roi pour qui elle fut érigée en marquisat en 1708.

2. Girard porte : de gueules à deux morailles en chevron d'or, liées d'argent. La Thaumassière commence la généalogie de cette famille à Julien Girard, seigneur des Bergeries en 1461 ; c'est le fils de celui-ci qui épousa Colette Le Roy, d'où sont sorties toutes les branches existantes.

3. Restes porte : d'azur à la fasce d'or surmontée d'une roue d'argent.

4. Portier porte : de gueules à une tour donjonnée de deux pièces d'argent, maçonnée de sable, Alias : écartelé au 1 et 4 de

8. PERRETTE, mariée à Urbain de Sauzay [1].

8. PHILIPPE, mariée à Pierre Perceval [2].

REPRISE

VII *bis*. GODEFROY LE ROY, seigneur d'Ivry, deuxième fils de Jacques, IIe du nom, épousa en l'an 1500 Jeanne Herpin [3], fille de Louis Herpin, chevalier, seigneur du Coudray, maître d'hôtel du roi, et de Jeanne du Plessis-Richelieu. De son union sont issus :

8. JACQUES, qui suit.

8. FRANÇOIS, épousa Charlotte de Brillac [4], veuve de Jean Trousseau, seigneur du Bois-sire-Amé.

gueules à trois châteaux crénelés d'argent ajourés et maçonnés de sable 2 et 1 ; au 2 et 3 d'azur à trois lys de jardin d'argent soutenus et feuillés de sinople, 2 et 1 (RIFFÉ, *Généalogie de Tullier*). Ces dernières armes sont celles que portait Thibault Portier, chevalier, sénéchal de Berry en 1406. Robert Portier était bailli de Berry en 1290.

1. SAUZAY porte : d'azur à la tour d'argent maçonnée de sable sur une terrasse de sinople, accostée de deux étoiles d'argent en chef. Cette maison qui a possédé longtemps la baronnie de Contremoret, la vicomté de Chipou et celle de Villeneuve-sur-Rampenay, était représentée à la fin du siècle dernier par Jean-Baptiste, marquis de Sauzay, major des Gardes françaises ; il fut présenté au roi en 1766 et épousa Marguerite de Blottefière, fille de Nicolas de Blottefière, marquis de Vauchelles.

2. PERCEVAL porte : d'or à la fasce de sable.

3. HERPIN porte : d'argent à deux brassarts de gueules aux plis d'or. Cette maison. d'origine féodale et dont les membres étaient au xive siècle qualifiés *chevaliers* s'éteignit dans les mâles au xviiie siècle ; La Thaumassière en a donné une généalogie très écourtée. V. aussi TAUSSERAT, *Chroniques de la châtellenie de Lury*, p. 210 et suivantes.

4. BRILLAC porte : d'azur à trois fleurs de lys d'argent.

VIII. JACQUES LE ROY, IIIe du nom, seigneur de
Saint-Florent-sur-Cher, de Saint-Caprais et du Tremblay, fut homme d'armes de la compagnie du Grand-
Sénéchal de Normandie. Il épousa, le 2 avril 1526,
Françoise Lallemant, fille de Jean, seigneur de Marmagne et de Jeanne de Champange Il figure dans l'ordre
de la noblesse, dans le procès-verbal de la rédaction
des coutumes de Lorris, du 4 octobre 1539. Il mourut
en 1569, laissant de son mariage :

9. JACQUES, qui suit ;

9. CLAUDE, abbé de Chaumont, conseiller et
aumônier du roi Louis XIII, testa le 19 décembre
1614.

9. JEAN, prieur de Dames-Saintes, fut abbé de
Saint-Pierre de Sélincourt et d'Épernay, chanoine
et archidiacre de Paris, syndic-général du clergé
de France et conseiller-clerc au parlement de Paris.
Le 27 août 1600, il rendit les comptes de tutelle à
sa pupille Anne Lallemant, fille du grand-audien-
cier de France et femme de haut et puissant seigneur Louis de Clermont d'Amboise, marquis de
Reynel, chevalier de l'ordre et gouverneur de
Chaumont, en Bassigny. Il testa le 20 septembre
1612 et ordonna sa sépulture en l'église cathédrale
de Paris, à laquelle il légua 2,400 livres tournois.
Il fonde par le même testament un obit en l'église
Cathédrale de Bourges et un autre en la Sainte-
Chapelle, donne à Claude Le Roy, fils de son frère
aîné, la terre de Marmagne, à Jean-Jacques Le

Roy, seigneur de Vimpelles, la terre de Buxières d'Aillac, à la charge de laisser l'usufruit de la maison seigneuriale, les fossés et dépendances à Marguerite de La Marche, sa nièce, issue de la maison de Buxières. Il spécifie que si le dit seigneur de Vimpelles a un fils, la dite terre de Buxières lui sera donnée en préciput pour lui assurer le moyen de soutenir le nom et les armes de leur maison. Il ordonne que sa charge de conseiller au parlement, dont il abute le prix à 40,000 livres, soit vendue, et institue, sur le prix à en revenir, des legs à son frère, à son neveu René de Mauvoisin, à ses nièces d'Aigues-Mortes et de Villemenard, à Claude Belot, son secrétaire, à Macé de Verrière, receveur de sa terre de Marmagne. Quant à sa maison du Cloître Notre-Dame, il veut, « s'il la peut sauver », qu'elle demeure à son frère l'abbé de Chaumont. Il mourut le 10 février 1613, en sa 71ᵉ année, et fut enterré dans l'aile droite du chœur de Notre-Dame de Paris, où l'on voyait, avant la révolution, son tombeau en marbre noir avec l'écusson de ses armes timbrées de la mître et de la crosse et une longue inscription commémorative [1].

9. GABRIEL, continua la lignée et viendra en son lieu.

9. ÉTIENNE, chevalier de Malte, fut tué à Bourges d'un coup de pertuisane.

---

1. V. Pièces justif., n° 8.

9. MARIE, épousa par contrat du 26 février 1548 Jean de La Marche[1], fils de feu Berangon de La Marche et de Marguerite de Saint-Georges.

9. LOUISE, épousa Berangon de La Marche, suivant La Thaumassière.

9. ANDRÉE, mariée en 1569 à Jean de Mauvoisin[2] fils de Gabriel de Mauvoisin et de Anne du Plessis-Richelieu.

IX. JACQUES LE ROY, IVe du nom, seigneur de Saint-Florent-sur-Cher, de Saint-Caprais et de Vouzay, conseiller d'Etat et trésorier de l'Epargne en 1580 épousa en premières noces Perrette du Mesnil-Simon[3] fille

1. LA MARCHE porte : d'argent à la bordure de gueules, au chef du même. La Thaumassière commence la généalogie de cette famille à Jean de la Marche, écuyer, seigneur de Peux-Guillon, qui vivait au xve siècle, et la termine à Claude, chevalier, baron de Fins, qui épousa en 1627 Françoise de Chamborant, d'où entre autres enfants : Etienne, baron de Fins, Louis et Charles tous deux chevaliers de Malte. Le chef de cette maison est aujourd'hui Sylvain Attale, comte de la Marche, marié en 1844 à Juliette de la Garde, dont postérité.

2. MAUVOISIN porte : d'azur à deux lions passants de gueules et d'hermines. La Thaumassière commence la généalogie de cette famille, originaire de la Marche, à Léonard de Mauvoisin, chevalier, seigneur de la Forest, maître d'hôtel du duc de Bourbonnais en 1476 d'où sont issus : Jean, chevalier de l'ordre du roi ; Charles, premier écuyer du duc de Bourbon mort à la bataille de Pavie ; autre François, chevalier de Malte commandeur de Villefranche-sur-Cher.

3. MESNIL-SIMON porte : d'argent à six mains de gueules 3, 2 et 1. La généalogie de cette illustre maison remonte à Natard du Mesnil-Simon, chevalier, qui scella de son sceau une charte au mois de juin 1329. On trouve parmi ses descendants : Simon, échanson de la reine Isabeau de Bavière en 1394 ; Jean, premier gentilhomme de la chambre et bailli de Berry en 1443, puis cham-

de Charles du Mesnil-Simon, chevalier, seigneur de Parassy et de Gabrielle-des Ruaux, et sœur d'Antoine du Mesnil-Simon, gentilhomme de la chambre de Charles IX et chevalier de l'Ordre, marié à Joachine de Rochechouart. Jacques épousa en seconde noces, par contrat du 27 décembre 1583, Catherine d'Anlezy [1], fille de Jean d'Anlezy, seigneur de Menetou-Couture et de Anne de Chazeron. Dans ce contrat passé au château de Pionsat en Auvergne, figurent : haute et puissante dame Claude de Chazeron, tante de la future ; haut et puissant seigneur Gilbert de Chazeron, seigneur dudit lieu, chevalier de l'ordre ; haut et puissant seigneur Gilles du Gué, chevalier de l'ordre du roi ; Messire Guillaume du Crot, messire François de La Roche-Aymon, etc.

bellan du roi Louis XI et son ambassadeur près du roi de Castille ; Louis, maître d'hôtel de Louis XII ; Charles, chambellan des rois Charles VIII et Louis XII ; autre Charles, gentilhomme de la chambre du roi Henri III ; Edme, marquis de Beaujeu, lieutenant des chevau-légers d'Enghien en 1622 ; et enfin, nombre d'officiers supérieurs, chevaliers de Saint-Louis. Jean-Henri, comte du Mesnil-Simon, est monté dans les carrosses du roi le 2 mai 1774. Cette maison a pris alliance avec celles de Courtenay et de Dreux, du sang de France, de Sobieski, Rochechouart, La Rochefoucauld, Culant, Crevant, Pot-de-Rhodes, etc.

1. ANLEZY porte : de sinople semé de croisettes d'or, *alias* : de sinople au lion rampant d'or. Hugues d'Anlezy est mentionné dans un titre de juillet 1620, portant qu'il tient le château d'Anlezy en fief d'Eudes de Bourgogne, comte de Nevers ; Jean d'Anlezy, enseigne de cinquante lances sous la charge du duc de Nevers, mourut en 1549 ; Imbert d'Anlezy, l'un des cent gentilshommes de la maison du roi, épousa Louise de l'Hospital, d'où François, chevalier de l'ordre. François d'Anlezy de Mennetou était chevalier de Malte en 1609. Les d'Anlezy du Nivernais portent : d'hermines à la bordure de gueules. Ces deux familles, bien que portant des armes différentes, ont une origine commune. (V. *Armorial du Nivernais* et *Armorial du Bourbonnais*, par le comte de Soultrait.

Du premier lit :

10. CHARLOTTE, épousa en premières noces Charles de Saint-Avit [1], seigneur d'Aigues-Mortes, en deuxièmes noces Gilbert de Moriac, seigneur et Boutevin, avec lequel elle vivait encore en 1612.

Du second lit :

10. CLAUDE, mort en 1613, alors qu'il était fiancé à la fille du comte Turpin de Crissé [2].

BRANCHE DE VILLENEUVE.

V. THIERRY LE ROY, seigneur de Villeneuve-sur-Cher, fils puîné de Jacques premier du nom, fut maître des requêtes ordinaire de l'hôtel et l'un de ceux qui furent institués les premiers par le roi Charles VI le 22 juillet 1418. Il épousa Jaquette Bastard [3] dont :

6. ANDRÉ qui suit ;

6. JEAN, seigneur de Contres, épousa Geneviève

---

1. SAINT-AVIT porte : d'azur à trois fasces d'argent et trois besants du même en chef. La filiation de cette famille commence à Jean, seigneur de Saint-Avit, qui vivait au xive siècle ; elle a pris alliance avec les maisons d'Aubusson, de Rochechouart, de Gaucourt, de Brillac, etc.

2. La Thaumassière, en sa généalogie de la famille Le Roy, commet ici une de ces étonnantes erreurs dont il est coutumier ; il place, après Claude Le Roy. trois personnages dont il a déjà fait mention au précédent degré.

3. BASTARD porte : d'or à l'aigle d'empire, mi-parti d'azur à la fleur de lys d'or. Cette famille, originaire du comté nantais, remonte à Thomas Bastard, vivant en 1378, d'où Charles, seigneur de Terland en Berry, maître d'hôtel du roi, auteur de toutes les branches existantes.

Catin, dame de Plotard [1]. Ce fut lui qui fit bâtir la chapelle dite des Le Roy en l'église Cathédrale de Bourges. C'est lui aussi vraisemblablement qui fit faire les magnifiques portes qu'on voit encore au portail nord de la Cathédrale, avec l'écusson des Le Roy et un semé de tierce-feuilles.

6. JAQUETTE, mariée vers 1439 à Jean Bonin, seigneur du Courpoy [2].

VI. ANDRÉ LE ROY, seigneur de Villeneuve-sur-Cher, conseiller du roi et correcteur en sa Chambre des Comptes, épousa une nièce de Martin Gouge de Charpaigne, évêque de Clermont et chancelier de France [3]. Il transigea le 13 avril 1450 avec Étienne Pelorde, échanson du roi, au sujet des cens dûs sur le moulin Hector.

---

1. CATIN porte : d'azur au coq d'argent, au chef du même chargé de trois molettes de sable. (V. Manuscrits du Chesne, t. 37, à la biblioth. nat.)

2. BONIN porte : d'azur à la fasce d'or, accompagnée de trois têtes de femme d'argent tressées d'or 2 et 1. La Thaumassière commence la généalogie de cette famille à Jean Bonin, seigneur de Rampenay, qui vivait en 1355. Elle a produit deux maîtres des requêtes de l'hôtel, deux procureurs généraux au grand Conseil, un maréchal des camps et armées, chevalier de l'ordre. Une branche établie en Bretagne a produit un lieutenant-général de l'artillerie en 1640, trois conseillers au Parlement et un abbé de Saint-Aubin des Bois en 1787.

3. GOUGE DE CHARPAIGNE porte : d'azur à la fasce d'argent accompagnée de trois croissants d'or 2 et 1. Martin Gouge, chancelier de France, avait un frère, Jean Gouge de Charpaigne, qui fut trésorier du duc Jean de Berry ; celui-ci eut plusieurs enfants, dont l'un, Guillaume, était évêque de Poitiers en 1441. Le dernier de cette maison fut Jean Gouge de Charpaigne, archidiacre de Saint-Flour, conseiller-clerc au parlement de Paris et maître des requêtes de l'hôtel en 1440.

Il fut enterré, ainsi qu'il l'avait ordonné, dans la chapelle des Chartreux de Paris, et sa femme eut sa sépulture en l'église de Saint-Germain-l'Auxerrois. Ils laissèrent deux enfants :

7. ANTOINE qui suit;

7. CATHERINE, mariée à Pierre de Chevrier, seigneur de Chouday d'où descendent les du Roux de Chevrier, comtes de Bueil [1].

VII. ANTOINE LE ROY, seigneur de Villeneuve-sur-Cher, ne prit pas d'alliance. Il testa le 15 février 1473 et déclare dans son testament qu'il veut être enterré dans la chapelle de sa famille en l'église Cathédrale de Bourges ; il fonde une vicairie perpétuelle en sa chapelle de Villeneuve et y nomme vicaire son chapelain ; il lègue à sa sœur Catherine de Chevrier la presque totalité de ses biens de Berry et trois maisons à Paris ; au Chapitre de Saint-Étienne ses maisons de Bourges, et à l'Hôtel-Dieu de cette ville ses terres sises au Château ; enfin il donne à deux fils naturels qu'il laissait, à chacun cent écus d'or.

---

1. CHEVRIER porte : d'azur à trois têtes de licornes d'argent 2 et 1. La Thaumassière a donné la généalogie de cette famille dont le nom a été relevé par la maison de Roux ; Christophe de Chevrier, arrière petit-fils de Pierre de Chevrier et de Catherine Le Roy légua par testament la terre de Villeneuve-sur-Cher à son neveu Jean du Roux, à la condition de prendre le nom et les armes de Chevrier ce qui fut fait. Dans le courant du xviiⁱᵉ siècle, en conséquence d'une clause de substitution insérée dans le testament d'Annibal Grimaldi, comte souverain de Beuil en Savoie, les du Roux de Chevrier ont pris les nom et titre de comtes de Beuil qu'ils portent actuellement.

BRANCHE DE BUXIÈRES D'AILLAC

IX. GABRIEL LE ROY, écuyer, seigneur de Moulin-Neuf et du Tremblay, fils puîné de Jacques IIIe du nom, fut d'abord destiné à l'ordre de Malte et fit ses preuves de noblesse, mais il ne fit pas profession et épousa par contrat du 12 novembre 1582 Claude de Villiers, dame de Vimpelles[1]. Assistaient du côté de l'époux : Jacques Le Roy, chevalier, seigneur de Saint-Florent-sur-Cher ; R. P. en Dieu messire Claude Le Roy, abbé commendataire de Saint-Berthault de Chaumont ; R.P. en Dieu messire Jean Le Roy, abbé de Saint-Pierre de Sélincourt et d'Épernay, syndic général du clergé de France ; messire Jean de Mauvoisin ; messire Jacques Violle, seigneur d'Andrezy, conseiller au Parlement ; messire Pierre de Malleret, seigneur de Lussac. Du côté de l'épouse : François de Vièvre, chevalier, seigneur de Launay, gentilhomme de la chambre du roi, lieutenant de cinquante hommes d'armes de ses ordonnances, son oncle ; François de Cugnac, chevalier de l'ordre du roi, capitaine de cinquante hommes d'armes de ses ordonnances, son cousin ; Anne de La Chastre, dame d'honneur de la Reine Mère ; Esme de Villiers, seigneur de Bouy, etc.

De ce mariage naquit un fils unique :

X. JEAN-JACQUES LE ROY, chevalier, baron de Buxières d'Aillac, seigneur de Marmagne, Vimpel-

---

1. VILLIERS, porte : d'argent à deux lions adossés de sable.

les, Chantecler, etc., se maria deux fois ; il épousa en premières noces, par contrat du 29 juillet 1615. Louise de Meaux [1], fille de Jean de Meaux, seigneur de Corfery, gouverneur des ville et château de Montereau et de Louise Patras. Assistaient au contrat : noble et religieux seigneur Frère Guillaume de Meaux, chevalier de Saint-Jean de Jérusalem, commandeur de Boncourt, oncle de la future ; Mre Philippe de Brichanteau, chevalier, baron de Linière, son cousin. Dot : 24,000 livres. Jean-Jacques Le Roy épousa en secondes noces, par contrat du 26 février 1618, Marie du Drac [2], fille d'Adrien du Drac, chevalier, comte d'Annevoux, gentilhomme ordinaire de la chambre du roi, conseiller en ses conseils d'État et privé, et d'Isabelle de Poysieux. Assistaient au contrat du côté du futur : Antoine de Vieil-Maison, seigneur de Chantecler, son cousin ; Jacques de Meaux, son beau-frère ; Louis Alleaume, seigneur

1. DE MEAUX porte : d'argent à cinq couronnes d'épines de sable 2, 2, et 1. Un des membres de cette famille a pris part aux croisades de saint Louis, et c'est en souvenir de ce qu'il fut chargé par le roi de rapporter en France la relique insigne de la couronne d'épines que ses descendants prirent les armoiries ci-dessus qui, auparavant, étaient : de sable à une jumelle d'argent. Cette maison a donné à l'ordre de Saint-Jean de Jérusalem un grand-prieur de France et de nombreux commandeurs et chevaliers ; elle compte aussi des gouverneurs de places fortes et des officiers distingués.

2. DU DRAC, porte : d'or au dragon de Sinople, armé, lampassé et couronné de gueules. Cette maison est originaire de Picardie. Barthélemy du Drac, trésorier des guerres du roi, vivait au commencement du xive siècle et mourut en 1365. Jean, son fils, fut président au Parlement de Paris ; Adrien du Drac était maréchal de camp des armées du roi en 1638 ; cette famille a produit encore un évêque de Meaux au xve siècle et cinq chanoines-comtes de Brioude.

du Tilloy, gentilhomme de la maison du roi ; Louis
Martin, chevalier de Malte ; Nicolas de Mauroy, seigneur du Plessis. Du côté de la future: Adrien du Drac,
son père ; Geneviève Anjorrant sa belle-mère ; Adrien
du Drac, baron d'Annevoux son frère ; Jacques de Mareuil, baron du dit lieu, gentilhomme de la chambre du
roi son cousin germain, et Paul Robert vicomte d'Ully.
La dot de la future était de 30.000 livres. De ce mariage :

11. ADRIEN qui suit.

11. HENRI, filleul du prince de Condé, abbé de
Mureau.

11. FRANÇOIS JOSUÉ, chevalier de Malte, abbé commandataire de Mureau après la mort de son frère
Henri.

11. CLAUDE, épousa par contrat du 9 février 1637
Sylvain d'Assy, seigneur de Beauregard, fils de
Réné d'Assy, seigneur de Lage [1] et de Gabrielle
Bertrand.

11. MARIE-MARGUERITE épousa par contrat, du
4 juin 1647 Claude de Boisé [2], chevalier, seigneur

---

1. D'ASSY, porte : d'argent au lion de sable armé et lampassé
de gueules, au chef du même chargé de deux croissants adossés
d'argent. Cette famille a eu une fille reçue à Saint-Cyr en 1695
sur preuves qui remontent à François d'Assy, seigneur des
Ormeaux en 1540. (V. d'Hozier, reg. 1er.)

2. BOISÉ porte : d'argent à la fasce de sable. La Thaumassière
commence la généalogie de cette famille à Adenet de Boisé. damoiseau, seigneur de Courcenay en 1377. Elle a porté les titres de
marquis de Fernoël, de barons de Chaume et Vilautré et s'est

de Courcenay, fils de Claude de Boisé et de Anne de Saint-Hilaire.

11. Élisabeth, religieuse en l'abbaye de Saint-Laurent de Bourges. Son contrat d'entrée en religion, en date du 4 septembre 1647, fut passé en présence de : révérende dame Jeanne de Volvire de Ruffec, abbesse ; sœurs Anne Cousin, prieure ; Anne Pinette ; Marguerite de la Loë ; Louise Anjorrant ; Henriette de la Rivière ; Gabrielle Bigot ; Perrette Foucault ; Françoise Hémeré ; Aimée de la Loë ; Catherine Ruellé ; Gabrielle Doullé ; Marie de Boulainvilliers ; Geneviève Chevalier ; Marguerite de Fougère et Claude Le Bloy, toutes religieuses professes. Dot de la novice : 2,500 livres.

11. Louise, religieuse en l'abbaye de Beauvoir-sur-Yèvre. Au contrat d'entrée en religion, du 1er juin 1646, assistaient : noble et révérende dame Louise de la Haye, abbesse, assistée de sœurs Marguerite de Cribleau, prieure ; Jeanne de Courgat ; Catherine et Françoise de Couaignes ; Jeanne de Mauvoisin ; Marguerite Bigot ; Catherine Bernard ; Suzanne du Peyroux ; Louise de Bridiers ; Françoise et Anne d'Assy ; Françoise de la Haye ; Geneviève de Cribleau, toutes religieuses professes. Et aussi en présence de Marie du Drac, mère de la

alliée aux maisons de La Châtre, Blanchefort, Barbançois, Ceris, Mareuil. Magnac, Mauvoisin, Villebrun, Bonnault. Poix, etc. Un de ses membres a fait ses preuves de noblesse pour monter dans les carosses du roi à la fin du siècle dernier, mais en a été empêché par la Révolution.

novice ; de Jean de Chevrier du Roux, chevalier, seigneur de Villeneuve, son curateur ; de ses frères Henry Le Roy, abbé de Mureau, Adrien Le Roy, capitaine d'une compagnie de gens de pied, François Le Roy, chevalier de Malte, et de Marguerite Le Roy, sa sœur. Dot : 2,000 livres.

11. MARIE, religieuse à Saint-Laurent. Le contrat d'entrée en religion fut passé le 5 janvier 1659 entre son frère Adrien Le Roy, chevalier, baron de Buxières, et révérende dame Angélique du Toc, abbesse, assistée de Louise Anjorrant, prieure ; Anne Cousin ; Henriette de la Rivière ; Gabrielle Bigot ; Perrette Foucault ; Aimée de La Loë ; Catherine Ruellé ; Gabrielle Doullé ; Marie Marié ; Françoise de Boulainvilliers ; Geneviève Chevalier ; Marguerite de Fougère ; Marie Ferron ; Elisabeth Le Roy ; Jeanne Berthet ; Catherine Bigot ; Angélique de Montsaulnin ; Marie Hanet ; Anne Fauvellet, Catherine de Cullon et Anne Hodeau, toutes religieuses professes. Dot : 3,200 livres.

XI. ADRIEN LE ROY, chevalier, baron de Buxières d'Aillac et de Marmagne, seigneur de Montdésiré, Brennetin, etc., fut ecuyer-servant de la grande écurie du roi, capitaine d'une compagnie de gens de pied, et en même temps cornette aux chevau-légers commandés par le marquis d'Annevoux, son parent. Il épousa, en premières noces, par contrat du 25 novembre 1650 Charlotte de Chauvelin [1], fille de Pierre de Chauvelin,

1. CHAUVELIN porte : d'argent au chou arraché de sinople entouré à la tige d'un serpent d'or la tête en haut.

chevalier, seigneur de Richemont, et de Jeanne du
Boueix. Figurent au contrat du côté de l'époux : Marie
du Drac, sa mère ; Marie Le Roy, sa sœur, femme de
Sylvain d'Assy, chevalier, seigneur de Lage ; Marguerite Le Roy, aussi sa sœur, femme de Claude de Boisé,
chevalier, seigneur de Courcenay. Du côté de l'épouse :
haut et puissant seigneur Jean Tiercelin de Rains, chevalier, seigneur de la Chapelle-Barrioux, et haut et
puissant seigneur Charles de Mallesec, chevalier, baron
de Châtelus. Adrien Le Roy fut maintenu dans sa noblesse par arrêt du Conseil d'Etat, le 31 mars 1667. Il
épousa en secondes noces, par contrat du 18 avril
1695, Elisabeth du Peyroux [1], fille de Léon du Peyroux,
chevalier, seigneur de Sordoux et de défunte Claire
Albert. Il n'en eut point d'enfants, et mourut le 26 octobre 1709, laissant de son premier mariage :

12. CLAUDE, qui suit.

12. MICHEL-ADRIEN, prieur de Bellaigue en Auvergne en 1695.

12. JEAN-JACQUES, religieux de Loroy, prieur de
Bonnevaux en Dauphiné et vicaire-général de son
ordre, vivait encore en 1735.

12. MARIE-MADELEINE, religieuse à Beauvoir.

---

1. DU PEYROUX porte : d'or à trois chevrons d'azur au pal du
même brochant sur le tout. Cette maison originaire de la Marche
et connue avec la qualification de *chevalier* depuis 1097. établit
sa filiation depuis le commencement du XVe siècle. Elle a formé
de nombreuses branches, entre autres celle des marquis des
Granges, des seigneurs de la Forêt, de la Lande-Fonteny, de Sau-
zet, de la Tour-du-Bouex en Berry.

12. ELISABETH, née en 1687, épousa, par contrat du 2 mai 1695, Sylvain de Gaucourt, chevalier, seigneur de Cluis [1].

XII. CLAUDE LE ROY, chevalier, baron de Buxières d'Aillac et de Marmagne, seigneur de Montdésiré et Brennelin, fut capitaine au régiment de La Marche et capitaine des chasses du roi en Berry. Il épousa en premières noces, le 6 février 1687, Catherine Heurtault [2], fille de Gilles Heurtault, écuyer, seigneur du Solier, et de Catherine de Foucault. Le contrat fut passé en présence de haut et puissant seigneur Mr⁰ Adrien Le Roy, chevalier, seigneur baron de Buxières d'Aillac, et de haute et puissante dame Charlotte de Chauvelin ; la future épouse était assistée de Ignace Heurtault, chanoine de l'église de Bourges ; de Claude de Montsaulnin, che-

---

1. GAUCOURT porte : d'hermines à deux bars adossés de gueules. Boulainvilliers dans son *Etat de la France* dit en parlant de la noblesse du Berry : « Il y a plusieurs seigneurs dont quelques-uns sont fort distingués par l'antiquité de leur noblesse et les grandes charges qu'ils ont possédées. Entre ceux-là on nomme premièrement le marquis de Gaucourt, lieutenant-général de la province. Eustache un de ses aïeux était grand fauconnier en 1406 ; Raoul, Grand-Maître de France et gouverneur du Dauphiné, son neveu, gagna la bataille d'Ente en 1429, en laquelle il défit le prince d'Orange ; Charles son fils fut gouverneur de Paris, etc. » Cette illustre maison est une branche cadette de celle des comtes de Clermont-en-Beauvoisis qui a donné à la France deux connétables et plusieurs maréchaux. Les Gaucourt sont alliés aux familles de Montmorency, de Preuilly, d'Avesnes, des Baux, de Culant, de Blanchefort, de Châtelier, d'Elbée, etc.

2. HEURTAULT porte : d'azur au chevron d'or accompagné de trois croissants d'argent 2 et 1, et un bras d'argent en abîme, à la main au naturel, tenant des épis de blé du même. Cette famille a produit plusieurs maires et échevins de Bourges depuis 1581, et un maître d'hôtel du roi en 1666.

valier, seigneur de Nérondes ; de François de Chabenat;
d'Etienne Le Large, chanoine de Saint-Augustin ;
d'Etienne Gassot, seigneur de Priou ; de Thérèse Agard;
de Robert Hodeau, seigneur du Tronsay ; de Claude de
Biet, seigneur de Maubranche ; de Charles de Foucault,
seigneur de Rozay, et de Claude Fradet, son épouse.
Dot : 20,000 livres. Claude Le Roy épousa en secondes
noces, par contrat du 27 août 1694, Marie de Béthoulat [1], fille de Pierre de Béthoulat, écuyer, seigneur de
la Perrière, et de Jeanne Thierry. Dans ce contrat,
Claude Le Roy est assisté de Claude Soumard, écuyer,
seigneur de Boisroux, son ami, de M° Gilles Leduc,
doyen du Chapitre de Bourges. Du côté de la future
épouse assistent : Jeanne Thierry, sa mère, et demoi-
selle Suzanne de la Grange. Claude Le Roy fut maintenu dans sa noblesse le 4 décembre 1715 par l'inten-
dant du Berry, Antoine Foullé de Marlaingy ; il testa le
14 septembre 1718 et mourut peu après, laissant du
premier lit :

13. ADRIEN LE ROY DE MARMAGNE, né le 6 août
1689, élevé page de la duchesse d'Orléans, mère
du Régent, fut nommé premier gentilhomme du duc
de Chartres en 1718, cornette, puis lieutenant com-
mandant la compagnie des gardes de ce prince,
devenu duc d'Orléans. Il fut pourvu, en 1724, d'une
des douze charges de gentilhomme-servant du roi.

---

1. BÉTHOULAT porte : de sable au chevron d'argent accompagné
de trois chardons d'or, *alias* : de gueules au chevron d'argent
accompagné de trois soucis fleurdelysés d'or. Cette famille a
donné un des cent gentilshommes de la maison du roi en 1595 et
trois chevaliers de Saint Jean de Jérusalem depuis 1586.

Le duc de Chartres, grand-maître de l'Ordre de Notre-Dame du Mont-Carmel, et de Saint-Lazare de Jérusalem, l'avait nommé chevalier, puis commandeur de cet Ordre en 1721 [1]. C'est lui qui, par une fantaisie qui est bien dans la mode du temps, fit faire son portrait en Dieu de l'Olympe, portrait qui se trouve aujourd'hui au musée de Bourges. Il testa le 7 décembre 1735, et, par son testament, daté du Palais-Royal, paroisse de Saint-Eustache, il donne sa terre de Marmagne à son frère puîné, Ignace, avec substitution à l'aîné du nom de mâle en mâle ; puis viennent de nombreux legs aux pauvres, à ses parents et amis, notamment sa croix de Saint-Lazare en brillants à son cousin-germain le marquis Anjorrant, chevalier du même Ordre.

13. IGNACE, qui suit.

13. CHARLOTTE, née en 1688, morte jeune.

13. JEANNE, née en 1691, sans alliance.

Du second lit :

13. MARIE, épousa en 1718 Paul Girard, écuyer, seigneur de Borderousse [2].

13. ÉLISABETH, épousa en 1736 Jean de Lestang, écuyer, seigneur de Rochepeau [3].

1. V. pièces justif. n° 9.
2. V. page 282.
3. LESTANG porte : d'azur au chevron d'or accompagné de trois étoiles d'argent deux en chef et une en pointe soutenue de deux cœurs du même. Cette famille, représentée aujourd'hui par les barons de Fins, a donné un échevin à la ville de Bourges en 1675, et de nombreux magistrats au bailliage d'Issoudun.

XIII. IGNACE LE ROY, chevalier, baron de Buxiè-res-d'Aillac et de Marmagne, né le 28 octobre 1690, fut page du duc d'Orléans, lieutenant puis capitaine au régiment de Chartres. Il épousa, suivant contrat du 24 septembre 1718, Françoise-Charlotte Tristan [1], fille de Edmond Tristan, chevalier seigneur d'Authonville et de Françoise Le Hourt ; le futur époux était assisté de son père Claude Le Roy, seigneur baron de Buxières-d'Aillac, d'Élisabeth du Peyroux et de Jeanne Heurtault, femme de Guillaume Anjorrant, seigneur de la Croix ; la future épouse assistée de sa mère Françoise Le Hourt, de Denise d'Andreau, veuve de Robert Le Hourt, conseiller secrétaire du roi en ses conseils, abbé commandataire de Plaimpied et de Pierre Tristan d'Authonville, son frère. Dot : 30,000 livres.

Ignace Le Roy mourut le 9 mars 1751, laissant de son mariage :

14. ROBERT, qui suit.

14. PIERRE, JEAN, qui continua la filiation et viendra en son lieu.

14. FRANÇOISE, née en 1720, religieuse de la Visitation.

14. ÉLISABETH, aussi religieuse de la Visitation.

14. ANNE, religieuse de la Congrégation de Bourges.

1. TRISTAN porte : de gueules à la bande d'or.

XIV. ROBERT LE ROY, chevalier, seigneur de Marmagne, cornette au régiment d'Heudicourt, cavalerie, par brevet du 20 janvier 1744, épousa par contrat du 3 avril 1751 Catherine Macé [1], fille de François Macé, écuyer, seigneur de Feularde, et de Catherine Crosnier. Étaient présents, du côté du futur époux: Pierre Jean Le Roy, baron de Buxières d'Aillac, son frère; Messire Girard de la Perrière, chanoine du Château-les-Bourges; Messire Verany de Varennes, archidiacre de Bourges; du côté de la future: ses père et mère, sa sœur Marie Macé; Messire Maurice Macó des Porteaux, chanoine de l'église de Bourges, son oncle. Dot: 10,000 livres.

Robert Le Roy mourut à Paris le 13 avril 1773, laissant de son mariage:

15. ROBERT JEAN-BAPTISTE, qui suit.

15. PIERRE, né en 1769, mort jeune.

15. MARIE-PHILIPPE, née en 1754, mariée le 10 septembre 1772 à Balthazar de Chevenon de Bigny [2], chevalier, officier au régiment du roi, cavalerie.

---

1. MACÉ porte: d'azur à deux lions affrontés d'or entre-supportant trois massues d'argent, au croissant du même. La Thaumassière commence la généalogie de cette famille à Bernard Macé qui vivait au commencement du xve siècle. Elle a produit un trésorier général de France, maire de Bourges en 1610 et plusieurs conseillers au présidial de cette ville.

2. BIGNY porte: d'azur au lion d'argent, armé et lampassé de gueules à l'orle de cinq poissons du même. Jean de Chevenon, écuyer, épousa en 1402 l'héritière de Bigny et en prit le nom. Cette maison qui a produit un capitaine du château de Meun en 1461, un premier écuyer de corps du roi en 1496 et de nombreux che-

15. ANNE-VÉRONIQUE, née en 1755.

15. CATHERINE-MARIE, mariée le 6 février 1768 à Charles Cardinet [1], chevalier, seigneur de Poinville, officier d'infanterie, qui, condamné en 1793 par le tribunal révolutionnaire, fut décapité à Bourges sur la place Bourbon.

15. SOLANGE, née en 1763.

15. MARIE, née en 1766.

XV. ROBERT-JEAN-BAPTISTE LE ROY, baron de Marmagne, né le 6 septembre 1757, était page du maréchal duc de Brissac, gouverneur de Paris, lorsqu'il mourut à Paris, au petit hôtel de Cossé-Brissac, rue Cassette, paroisse de Saint-Sulpice, le 16 juillet 1774, âgé de dix-sept ans.

REPRISE

XIV. PIERRE-JEAN LE ROY, chevalier, seigneur baron de Buxières d'Aillac, fils puîné d'Ignace Le Roy et de Charlotte Tristan d'Authonville, né le 15 novembre 1727, entra dans les mousquetaires gris de la garde ordinaire du roi à l'âge de quinze ans, ainsi que

valiers de Malte depuis le xv siècle s'est alliée avec les maisons de Rochechouart, de l'Hospital, de Gaucourt, de Thianges, d'Aubigny, de Brenne, d'Albon, de Barbançois, de Courtenay, de Bossu, de Longueval, de Gamaches, de Crèvecœur, etc. Pierre Jacques, marquis de Bigny, condamné en 1793 par le tribunal révolutionnaire, fut décapité à Bourges sur la place des Carmes.

1. CARDINET porte : d'argent à l'orme de sinople, accosté de deux mouchetures d'hermines de sable.

le constate un certificat qui lui fut délivré le 8 avril 1768, par François de Portalez, comte de la Chèze, lieutenant-général des armées du roi, capitaine-lieutenant de la première compagnie des mousquetaires du roi, où il est dit qu'il a très bien servi dans la dite compagnie depuis le 25 janvier 1743, jusqu'au 5 juillet 1749, et qu'il a demandé alors son congé absolu. Il épousa, suivant contrat du 22 juillet 1751, Jeanne Ruellé [1], fille de Joseph Ruellé, chevalier, seigneur de la Pagerie, capitaine aux grenadiers royaux, et de Catherine Macé de Villedoné. Le futur époux était assisté de Robert Le Roy de Marmagne, son frère ; et la future épouse, de Marie-Anne Macé de Villedoné, sa tante, veuve de François de Sauzay, chevalier, seigneur de Beaulieu. Il eut de ce mariage :

XV. FRANÇOIS-CLAUDE LE ROY, chevalier, baron de Buxières d'Aillac, né le 19 mai 1752, fut reçu page du duc d'Orléans après avoir fait ses preuves de noblesse, suivant certificat du 11 juillet 1769, signé *de La Cour*, généalogiste de S. M. Il fut ensuite officier au régiment de Champagne, cavalerie, et épousa suivant contrat du 12 avril 1780, passé au château de Villiers-Chassy, Catherine Phelippe de Billy [2], fille de Domi-

---

1. RUELLÉ porte : d'argent à trois pins de sinople 2 et 1. Cette famille, représentée aujourd'hui par la branche du Chêné, a produit des échevins de Bourges, un maître d'hôtel du roi, un secrétaire de la reine, deux conseillers au Parlement de Paris, et trois chevaliers de Saint-Louis.

2. PHELIPPE DE BILLY porte : de gueules à la croix dentelée de sinople. Pallet en son *Histoire du Berry*, commence la généalogie de cette famille à Nicolas Phelippe, seigneur de Coëtgourhe-

nique Phélippe, chevalier, marquis de Billy, seigneur de Villiers-Chassy, et de Antoinette de Louan de Montfan. Assistaient au contrat : Pierre-Jean Tristan, chevalier, seigneur de Vornay, mousquetaire du roi, cousin du futur époux ; Alexandre Moreau de Chassy, chevalier, seigneur de Souesme, major d'infanterie et chevalier de Saint-Louis, oncle de la future ; Marie-Jeanne Moreau de Chassy, femme de Jean Tristan, chevalier, seigneur de Soupize, sa tante ; Gilbert Peignaut, curé de Chassy et Gabriel Ferrand, seigneur de Saligny, amis des futurs. Dot : 54,000 livres. François-Claude Le Roy mourut en 1786, laissant de ce mariage :

16. PERRE-JEAN-ANTOINE, qui suit.

16. JACQUES, reçu chevalier de Malte de minorité, mort jeune.

16. CATHERINE, née en 1785, morte jeune.

16. PAULINE-ANNE-ANTOINETTE, née en 1787, mariée le 26 mars 1805 à Charles-Antoine de Bonnault de Villemenard [1], fils de Jean Henry, vicomte

den en Bretagne, père de Rolland Phelippe, sénéchal universel de Bretagne en 1346. et de Quentin Phelippe auteur de la branche établie à Paris puis en Berry, par suite du mariage de Jacques Phelippe de Billy, chevalier, seigneur de Gagny avec Catherine Moreau de Villers qui lui apporta les seigneuries de Villiers-Chassy et de Villers en Berry. La branche de Coëtgourheden existe encore en Bretagne et a produit un écuyer de la duchesse Anne. un capitaine des ville et château de Brest, et un ambassadeur en Angleterre.

1. BONNAULT porte : d'azur au chevron d'or accompagné en chef de deux étoiles. et en pointe d'un dauphin couronné du même. Borel d'Hauterive et les *Archives de la famille de Bonnault*

de Villemenard, ancien officier au régiment mestre de camp, dragons, et de Louise-Marguerite Dodart de Boisregnault.

XVI. PIERRE-JEAN-ANTOINE LE ROY, baron de Buxières d'Aillac, né en 1781, épousa, le 15 février 1803, (26 pluviose an XI) Sophie de Fricon [1], fille de Augustin, marquis de Fricon, chevalier non-profès de l'ordre de Malte, ancien chevau-léger de la garde du roi, et de Joséphine Robin de Scévole. De ce mariage sont nés :

17. FRÉDÉRIC-CHARLES, qui suit.

17. MARIE-GABRIELLE, née en 1807, mariée à N. de Bazaucourt ;

commencent la généalogie de cette maison à Guillaume de Bonnault, chevalier, qui reçut en 1376 un don de 130 écus d'or du duc Jean de Berry, et fut père de Jean, échanson du roi Charles VI. Parmi leurs descendants on compte deux capitaines du château de Vierzon, un gentilhomme-servant du roi, gouverneur d'Issoudun en 1550, un gentilhomme de la reine Marie de Médicis, un gentilhomme de Monsieur frère du roi en 1627, des pages de la maison de France, des officiers de cavalerie et d'infanterie, chevaliers de Saint-Louis.

Du mariage de Charles de Bonnault et de Pauline Le Roy sont issus :

1. Alfred de Bonnault, baron de Villemenard, sans postérité.

2. Charles, marié à Antoinette de Trimond, dont postérité.

3. Catherine Marie, mariée au comte Julien de Toulgoët, gendarme de la maison du roi, puis officier au corps royal d'État-major, dont postérité.

1. FRICON porte : d'or à la bande de gueules, bordée et ondée de sable, *alias* d'azur à la bande engreslée de sable. Ceste maison connue dans le Berry et dans la Marche depuis le XIIe siècle, a produit un chambellan et maître d'hôtel du duc d'Orléans et six chevaliers de Malte dont deux commandeurs.

17. JENNY, née en 1811, mariée au marquis de Joussineau de Tourdonnet[1].

XVII. FRÉDÉRIC-CHARLES LE ROY, baron de Buxières d'Aillac, né le 24 septembre 1804, épousa en 1836, Louise-Albine de Monspey[2], fille de Aimé-Louis-Tobie, marquis de Monspey, maréchal de camp, Grand croix de Saint-Louis, et d'Alexandrine-Marie Charrier de la Roche. De ce mariage :

18. LUDOVINE, mariée en 1863 au comte Louis de Moreton de Chabrillan[3].

1. JOUSSINEAU DE TOURDONNET porte : de gueules au chef d'or. Cette maison d'ancienne chevalerie est originaire du Limousin où elle est connue dès le XIᵉ siècle. Sa filiation est établie depuis Pierre de Joussineau de Fressinet, mort en 1301, et qui est l'auteur de différentes branches de ce nom, qui ont porté les titres de marquis de Tourdonnet et de Fayat, et de barons de Peyrelevade.

2. MONSPEY porte : d'argent à deux chevrons de sable, au chef d'azur. Cette maison originaire de Bresse remonte à Geoffroy, damoiseau, seigneur de la Tour de Replonge en 1319, et a produit un grand-châtelain de Beaugé en 1380, un gentilhomme ordinaire de Louis XIII, plusieurs gentilshommes de la Chambre des ducs de Savoie, un Lieutenant-Général, grand-Croix de Saint-Louis sous la Restauration, des chevaliers de Malte et de Saint-Louis, et deux chanoinesses de Remiremont.

3. MORETON DE CHABRILLAN porte : d'azur à une tour crenelée de cinq pièces, à la patte d'ours d'or mouvant du quartier senestre de la pointe et touchant la porte de la tour. Cette maison originaire d'Écosse, suivant la tradition, s'établit dans le Dauphiné et a produit un gentilhomme de la chambre, capitaine de cent hommes d'armes des ordonnances et gouverneur de Provins au XVIᵉ siècle, un grand-prieur de Saint Gilles de l'ordre de Malte, un bailli capitaine des galères et plusieurs officiers généraux. Le titre de marquis lui a été concédé par érection en 1674.

PIÈCES JUSTIFICATIVES

I

PERMISSION DE FIEF ACCORDÉE PAR LE ROI PHILIPPE-LE-HARDI

A PIERRE LE ROY,

CHEVALIER, SEIGNEUR DE SAINT-FLORENT.

(1277)

Philippus Dei gratia Francorum rex notum facimus universis tam presentibus quam futuris quod cum Nos olim concessimus Petro dicto Regi, militi, quod liceret ei acquirere usque ad vigenti libratas parisienses annui reditus in augmentum feodi quod tenet a nobis non in baroniis et aliis magnis et insignibus feodis et ita etiam quod ex hoc non subtraheretur Nobis homagium alicujus, ac idem Petrus Nobis exposuerit se acquisivisse in feodis que Aynordis domina de Autriaco (forte de Vitriaco) relicta Gaufredi de Miliaco militis vidua tenet à Nobis res inferius annotatas, videlicet medietatem pro indiviso totius terre de S^{to} Florentio de Villanova super Carum et de Nozaio et pertinentiis cum omnibus nemoribus redditibus et costumis et cum omni justitia magna et parva et cum omnibus juribus redevantiis expletis et rebus aliis quibuscunque partalibus pro indiviso cum Joanne de Barris milite que res

estimate fuerunt trigenti due librate parisienses annui
reditus vel circiter. Nos dictum Petrum gaudere vo-
lentes gratia ampliori quam a principio concessimus
eidem volumus et concedimus quod ipse et heredes sui
in augmentum dicti feodi quod idem dictus Petrus tenet
a Nobis res superius annotatas teneat in perpetuum et
pacifice possideat absque eo quod cogantur ponere
extra manum suam pro eo quod sunt nobiles et gene-
rose persone, salvo in aliis jure nostro et jure etiam in
omnibus alieno. Quod ut ratum et stabile permaneat in
futurum, presentibus litteris Nostrum fecimus apponi
Sigillum. Actum apud Lorriacum anno Domini millesimo ducentesimo septuagesimo septimo, mense Julio.

Bibl. nat. — Cabinet des titres. Pièces orig. 2580.

II

PERMISSION DE RÉUNION DE FIEF ACCORDÉE
PAR PHILIPPE-LE-HARDI
A PIERRE LE ROY, CHEVALIER.

(1279)

Philippus Dei gratia Francorum rex notum facimus
universis tam presentibus quam futuris quod Nos Petro
dicto Regi militi concessimus quod ipse et sui heredes
et successores sub eodem homagio sub quo tenet a nobis in feodum partem totius terre Sancti Florentii de
Villanova et de Nezei in Bituria habeant et teneant in
perpetuum ad consueta servitia et redibentias alteram

partem dicte terre Sancti Florentii Villanove et de Nezei
quam emit a Johanne de Barris milite qui eam tenebat
in feodum de Nobis cum ejus pertinentiis sive in boscis
aquis garennis redditibus agricolarum et gallinarum
justitiis villagiis costumis dominiis sive in aliis quibuscunque consistent prout ea emit a Joanne de Barris
predicto. Quod ut ratum et stabile permaneat in futurum presentibus litteris Nostrum fecimus apponi sigillum. Actum Parisiis anno Domini millesimo Ducentesimo septuagesimo nono mense februario.

Bibl. nat. — Cabinet des titres. Pièces orig. 2580.

III

FRAGMENT INÉDIT DES COMPTES DU DUC JEAN DE BERRY

(1383-1386)

Extrait d'un gros registre délié et par feuilles estant
d'un imparfait compte de la recepte et mise du duc
Jean, ès années 1383, 1384, 1385, 1386 [1].

Compte de la sénéchaussée de Bourges par Guillaume
Chauvigny, receveur de Berry.

Pierre de Semur, chevalier, seneschal ilec... [2]

Franc d'or compte xx s. t. pièce.

La maison feu Odart de Chasteaufort...

1. On lit sur un autre feuillet : « Il estoit dans le trésor de la
« Ste Chapelle de Bourges et fut vendu par B. à un nommé Bre-
« ton Md à Bourges. On en osta la couverture pour faire un por-
« tefeuille que j'ay veu en 1700. »
2. Les chiffres ne sont pas indiqués.

Feu Odart de Bourges, que tient Pierre de Beauquaire...

Feu François Buille, à présent Philippon Buille et Macé Charenton...

Guillaume Le Roy...

Les hoirs Gillet d'Orléans et feu Jean Pelorde, laquelle tient à présent Babeau, femme feu Guillaume de la Berthomière, et autres hoirs héritiers dudit feu Guillaume, au lieu des hoirs dudit feu Gillet d'Orléans et feu Jean Pelorde...

Pierre de Buxi, héritier feu Simon de Buxi, à présent Simon de Buxi, fils héritier dudit feu Pierre de Buxi, sur les anciens murs de la cité...

Feu Jean Billeron...

Les bouchers de la grande boucherie et la boucherie neuve de Saint-André à la Porte-Neuve...

Maison au pont d'Auron tenante à celle des Bigot...

Les yaux d'Orron, que tient à présent Mgr Jacques Troussel, chevalier, maistre d'hostel de Monseigneur...

Dun-le-Roy.

Feu Laurent de la Charité, à présent Mgr Jacques Troussel, chevalier à cause de sa femme...

Bourges.

Le poix de Bourges adcensé à Gilet Mercier...

Pierre de Montespedon, valet de chambre du duc, avoit le revenu de La Salle à vie, que souloit prendre Philippon de la Chastre.

La garenne de la rivière de Concressault, baillée à vie à Simon Bauley...

Guillaume Baston à Issoudun, Pierre Daudu...

Dun-le-Roy.

La voirie et sergenterie adcensée à Colas de La Loe..

Le scel et escriture du prévost de Bourges adcencés à 2 ans à Jehannet Bigot pour 70 l. t.

Odin de Brueil, lieutenant du maistre des eaux et forêts de Berry...

Jean Harpin pour don à luy fait...

Philippe de Lor, autrement de Saint-Cristofle, chapellin du palais.

Les bons hommes de Bleron...

Joceaume Daniel, chapellain de la chappelle de la Forest de Bourges...

Guillaume de Flory, maistre et gouverneur de l'Ostel-Dieu Saint-Ladre de Bourges...

Philippon de Veauce, maistre de la Chambre aux deniers de Mgr le duc...

Jean de Viezbourg, alias Harpin, pour don des rentes et revenus de la ville et chasteau de Concoursaut...

Jaquelin de Biet, lieutenant-général du Seneschal...

Guillaume Amison, procureur du duc 1385.

Maistre Guillaume Gilvain fisicien de Mgr le duc...

Jean Fains, varlet de chambre de Jean, aisné du duc...

L'abbesse de Saint-Ypolite...

L'Ospitaul de Bleron...

La maison de Dieu de Bourges...

La maison de Dieu de Saint-Ladre de Bourges...

La maison de Dieu d'Aubigny...

La maison de Dieu de Saint-Ladre...

Les nonnains de la Virginité d'Issoudun, baptizées de Bourges...

Thévenin et Philippon, enfans de feu Macé Le Sarrazin...

Jeanne et Ydene fille Perrin...

Guillaume Nevet, espicier et valet de chambre du duc...

Dun-le-Roy.

Jean fils de Guyot le Convers...

Pierre de Semur chevalier, seneschal de Berry, garde de la grosse tour de Bourges...

Guillaume Amison, procureur général du dit Seigneur.

Maistre Jean George avocat du roi en son païs de Berry.

Philippon de La Chastre, escuier...

Pierre de Montespedon, maistre des Eaux et Forests au païs de Berry...

M⁰ Guillaume, Sgr de Cordebœuf, chevalier et chambellan de Monseigneur et capitaine garde de la tour, donjon, ville et chastellenie de Dun-le-Roy.

Estienne de Corbuilly, huissier de la Chambre des Comptes...

Jeannin Lorfèvre, valet de chambre de Monseigneur et son orfèvre...

Odard du Moulin, conseiller au parlement ..

Jean de Gormonville, avocat du roi...

Jean Canart, avocat et conseiller du roi...

Clément Reillat, procureur du roi en parlement...

Guy de Dampmartin, varlet de chambre de Monseigneur et maistre général de ses œuvres...

1386. Jean Rolant et Jean de Bonney, fermiers du scel et escritures de la prévosté de Bourges...

Jean Doridier, substitut du procureur général de Berry au siège d'Issoudun...

M° Clément de Reillat, du grand conseil du duc.

André de la Bertommière...

M° Jean Chauveron, conseiller du roi, fut de Paris à Poistiers tenir les grands jours...

Colas Mengin, trésorier du duc...

1386. Denisot le Charron, maistre veneur de Monseigneur. Veneurs : Noé le Charron, Estienne de Dion, Jaquin Charbonnier, et Robin des Sangliers varlet de la chasse du dit seigneur. Berthomier du Lac et Jean Mabilat, pages...

Jean Gasnoy, escripvain de lectres de forme, Jean Girinoy, escripvain...

Jean Raolin, garde de la garenne d'Issoudun...

A maistre André Biaunepveu, ymagier de Monseigneur le duc, pour ses gages, et de trois ouvriers de sa compagnie de 60 frans par mois...

A Jean de Muieure, enlumineur, pour ses gages à 14 frans par mois, pour travailler à Bourges...

A Pierre de Castanet, autre enlumineur, pour ses gages de 10 frans par mois, à luy et un varlet de sa compagnie, pour travailler à Bourges...

A Jehan de Rospi de Cambray, ymagier de monseigneur, pour ses gages de 15 frans par mois, pour ouvrer de son mestier à Bourges et ailleurs où il plaira à mon dit seigneur de certaines choses à lui enchargiées faire de son office, tant qu'il plaira à Monseigneur et qu'il vaquera ès besoignes de Monseigneur et non ailleurs, par mandement du 26 septembre 1386 jusqu'en 1387, etc...

Jehannet Favier, varlet de chambre de Monseigneur le comte de Montpensier...

Colart de Haultecloque, escuyer du dit comte...

M⁰ Nicolas Charreton, son introduiseur...

Guillaume de Lailly, son pannetier...

Viencent Moreau, son palfrenier...

Guillaume de Lailly, escuyer d'escuirie de mon dit seigneur...

Jeanne Garecte, mère de lait du dit seigneur, néant, elle est allée de vie à trespas.

Denisot, tailleur de monseigneur...

Guillemin de Mauve, varlet de chambre de Monseigneur...

Lancement, varlet d'austours...

Estienne Vilin, varlet de garde-robe...

Huot le fol et son varlet Johannin...

Mme de Talerant, estant de la compagnie de service de Madame de Berry...

Mme Gilles de Caumont, mère de lait de Monseigneur...

Guillaume Lesage, nouvellement ordonné varlet de fourrière...

Eustache de Fayn, escuyer tranchant de Monseigneur...

Gillet Guérin, sommelier d'eschansonnerie...

Jean Alappart, varlet de chambre et barbier...

Renault de Roe, nouvellement retenu mareschal...

M⁰ Hue du Pont, chapellain de Mme la comtesse de Montpensier...

Robert de Brion, son varlet de chambre...

Yvonnet de Kaladrein, son varlet de garde-robe...

Jean des Champs, escuier de Mme Jeanne de Villers...

Jean Le Brun, escuier de Monseigneur le Comte, etc.

Macé Bastard, maistre d'ostel de Monseigneur et de Madame la duchesse, pour ses gages desservis à la maistrise des yaux et forets de Berry, auquel office il fut ordonné au lieu de Philippon de la Chastre, par lectres données le 11ᵉ jour de may 1381, mis en possession le 9 de may par le séneschal Jehannin de Vielbourg, autrement dit Harpin, escuier tranchant de Monseigneur...

Mᵉ Jean Betizac, secrétaire, etc.

Jean de Tarenne, changeur...

En 1386, le duc bâtissait à Mehun, et est employé 3,000 livres, et encore en 1385.

Le duc posa la première pierre du pont de la chapelle du donjon de Mehun en 1383.

Jacques Le Lorrain, paticier...

Jean d'Espaigne, Jacques de Bouloigne, varlets...

Colas Mengin, secrétaire et maistre de la Chambre aux deniers...

Thomas le Chenu, pour le rachapt de certains héritages relevant de Vierzon à cause de sa femme, pour agréables services qu'il a faicts et faict chascun jour, et pour accroissement de son mariage récemment advenu, par mandement donné le 28 novembre 1384...

Jean Chevrier d'Issoudun, pour le rachapt de la moitié du dixme de Tizay, relevant d'Issoudun, et pour les héritages qu'il a acquis de Mgr de Fresselines, chevalier et de Turpin des Pyes...

Robert de la Tour, lieutenant de Me Jacques Troussel, chevalier, chastellain d'Issoudun, pour plusieurs menues réparations faictes en l'hostel de Monseigneur en sa tour d'Issoudun..... 1385.

A Jean Le Prestre, couvreur et enduiseur, pour avoir couvert tout à neuf la grand sale du palais de Bourges, en la quelle on soulait mectre les grains des rentes de Monseigneur, et à présent y fait on la tapisserie du dit Seigneur, et les pierres pour l'appareil du bastiment dudit palais 1386.

Philippon de Launay, sergent général des yaux et forests de Berry...

Estienne Pain, charpentier, a fait charpente à la Sale Roy.

Robin Estingeant, sergent de Monseigneur le duc, pour avoir faict murer sept fenestres en l'hostel de l'archevêché de Bourges du costé des fossez, qui furent bouchées pour les noces de Jean Monseigneur et de Madame Catherine de France, par mandement de Jacquelin de Blet, lieutenant, etc., donné le 27 octobre 1386.

Jacquinet Chartrain, sergent d'armes de Monseigneur.

Me Jean George, avocat de Monseigneur le duc et Me Nichole Sardé, son conseiller.

Benart de Dezier, portier de la grosse tour, commis à estre partie pour la dépence de Guillaume Le Moynne et un autre, détenus en la grosse tour, accusés d'avoir voulu empoisonner Monseigneur le duc, et de quatre sergents, scavoir Guillaume et Simon Boileau, Colin Tanet et Pierre de Biaujeu, depuis le 11 février 1385 jusques au 20 dudit mois...

Item pour la despence de dix personnes, deux sergents et le geolier depuis le 23 febvrier 1385 jusques au 25 mars, et le 19 may le dit Guillaume fut rendu chez l'archevesque.

Estienne Valée...

Jean de Biaumont, substitut du...

Petit-Jean, secrétaire de Monseigneur et clerc de la Seneschaussée de Berry 1386...

Laurent Pelorde, lieutenant de M^{ro} Guillaume, seigneur de Cordebœuf, capitaine du Chastel et ville de Dun-le-Roy, pour avitailler le dit chastel et donjon, à cause que les gens d'armes du royaulme estoient tous allez au passage de la mer, et se dobtoit-on moult des Angles qui estoient ès forteresses du royaume.

Janoquin Corau, receveur de Poictou...

Nicholas Biaut, lieutenant de Colas Mengin, trésorier général de Monseigneur...

Philippon de Veauce, maistre de la chambre aux deniers 1385...

Jean Turlant, Robin Esturgeau, François Cordis, Guillaume de S. Aignan et Guerindon de Roz, huissiers des grands jours, 1384...

Bertran de Villebœuf, escuier d'escuirie de Monseigneur... Philippe de Chambon, escuier du sénechal de Berry... Pierre de Semur etc. au temps de feu Chotart du Peschin, lors séneschal de Berry et garde de la grosse tour... Estienne de Corbuilh, portier de la chambre des comptes 1385...

Jean de Ruilly, demeurant à Vierzon, nouvellement

ordonné et institué clerc des fiefs de la duché et païs de Berry, au lieu de Jean de Biotères (par lettres) données le 11 octobre 1384...

Structure d'une cheminée en la grosse tour de Bourges, au premier estage de la tour qui faict le coing de la tour qui est entre l'église de Notre-Dame de Sales et la grosse tour, et ce appellée la tour Jaquelin Trousseau 1385.

L'on fit couvrir de gluis la dernière oile du Palais.

Jean Tardi, prevost d'Issoudun.

Jean Doridier, Geraut le Tur; Thomas Pion, Guillaume de Bellefaye et Jean Potier, sergens de Monseigneur...

Raolin Morinet fit une enqueste à Issoudun 1385.

Jean d'Espaigne, Prungis, Jacque Quotelin, petits pages de Monseigneur...

Jeannette Jadis, femme de feu Me Jacques Colet, ymagier de Monseigneur, pour reste de ses gages de 200 frans, 1380, tant en son nom que à cause de Jeanne sa fille.

Robinet le Conte, pour don à luy fait pour aller à Saint-Jacques, 1385...

Mre Jan Broudon, chevalier, servit le duc et le roy en ses guerres, et avoit esté prisonnier des Anglais, 1384...

Jean Rolant, Jean de Bonney et Henri Bauduffe, fermiers du scel et escritures de la Prévosté de Bourges...

Philippe de Roncins, eschanson de Monseigneur...

1386. Les cens feu Odart de Bourges que tient Pierre de Beauquent...

Une place assise entre le marché de Bourges et la maison feu François Buille, et laquelle tiennent à présent Philippon Buille et Macé Charenton...

Une place assise costé la maison Colin de Sans, que souloit tenir les hoirs de feu Jean Pelourde, et à présent la tient Guillaume Le Roy héritier de feu Mᵉ Jean Le Roy.

De la licence donnée à Pierre de Buxi à fère une huisserie et deux fenestrages au mur de la cité, que tient à présent Jean Foucher...

Pour une place où souloit estre le fumier du roy, assise au derrière de la maison de Philippon Buille, baillée à feu François Buille, son père...

Les hoirs de feu Pierre Quatreco, pour la maison que tenoit feu Jean de Chambray et sa femme, et après ce, Guillaume Dacenat hors de la ville, au Chasteau, néant. Elle a esté détruite à cause des Anglais.

Colin Le Maire pour une tour des murs de la ville de Bourges appelée la Tour du Coin, derrière Saint-Ursin...

Dun-le-Roy.

Jean de Hospitau, pour troys places séans au dit chastel...

Jean de Bengi, pour une place au chastel...

André Sathenat, Jeanne Charretier, Jean Pelourde, Petit-Jean Merlin, Hugonin Charretier, Hugonin Bangi...

Bourges 1385.

Jehannet Culon...

Le dit Montespedon tient la prévosté de la Salle de la Forest, et a esté assencée, et l'a toujours tenue Philippon de La Chastre, escuier et chambellan de Monseigneur...

Le palais de Bourges est tout desfermé et rompu, pour ce que Monseigneur y fait commencer de ouvrer pour fere son domicille.

Simon Estevrart...

Guillaume Mercier, Pierre Bonnet, Jean Perrin, sergents de Monseigneur le duc...

Le substitut du procureur de Monseigneur, Jean Biaufrère, s^r de Saint-Georges sur Arnon, et Guillaume Laidet, etc...

Me Jean Geneste, Maistre de la Chambre aux deniers de Monseigneur le comte de Montpensier...

Bibliothèque nationale, Cabinet des titres, 2380.

IV

QUITTANCE DE GAGES DE JACQUELIN LE ROY,
PANNETIER DU DUC DE BERRY

(1397)

Saichent tuit que Je Jacquelin le Roy, pannetier de Mgr le duc de Berry et d'Auvergne, comte de Poictou, de Bouloigne et d'Auvergne, confesse avoir eu et reçeu de Phelipon de Veauce, maistre de la chambre aux de-

niers de mondit Seigneur la somme de trante huit frans,
13 sous, 3 deniers tournois en déduction de la somme de
soixante francs qui m'estoient deus en la dicte chambre
aux deniers pour mes gages, forge et borrellerie de mes
chevaux, de laquelle somme de trente huit francs
13 sous, 3 deniers je me tiens pour bien content et paié
et en quicte le dit Phelipon et tous autres. En tesmoing
de ce, j'ay escript ceste présente quictance signée de
ma main et scellée de mon scel, le darrenier jour d'octobre l'an mil CCC quatre-vins-dix-sept.

Signé Jacquelin Le Roy.

*Vidimus signé et scellé par Armand Bignon, conseiller
d'État et bibliothécaire du Roi, le 20 novembre 1765. —
Biblioth. nat. — Pièces orig. 2580.*

V

QUITTANCE DE MARTIN LE ROY, SEIGNEUR DE SAINT-FLORENT,
RECEVEUR DU LANGUEDOC

(1478)

Je, Martin Le Roy, Seigneur de Saint-Florent sur la
rivière de Chier, confesse avoir eu et reçeu de Monsieur le Trésorier général de Languedoc, Me Guillaume
de Neve, la somme de quinze livres tournois à moi
tauxée et ordonnée par Messieurs les généraulx, pour
mes peine et salaire d'avoir fait venir, eu et levé parti-
culièrement des plus aisés et solvables du diocèse
d'Aleth et officialat de Lymous la quote et porcion du
dit diocèse, de la creue de XXII^m livres tournois avec-

ques les fraiz, mise sus on dit pais de Languedoc en ceste présente année finissant MCCCC LXXVIII par l'ordonnance du Roy nostre Seigneur, laquelle creue le dit Seigneur avoit ordonné et mandé estre promptement levée, et lui en estre porté les deniers pour aucunes de ses affaires, de laquelle somme de quinze livres tournois je me tiens content et bien payé et en a ay quicté à mon dit seigneur le trésorier et tous autres, tesmoing mon seing manuel cy mis le VIII⁰ jour de novembre, l'an mil CCCC soixante et dix-huit. Signé : M. le Roy.

Original sur parchemin. — Bibl. nat. — Pièces orig. 2,580.

VI

PERMISSION ACCORDÉE PAR LE ROI CHARLES VIII A GUILLAUME LALLEMANT DE FAIRE LE COMMERCE, SANS DÉROGER PENDANT CINQ ANNÉES

(1486)

Charles par la grâce de Dieu roy de France, au bailly de Berry ou son lieutenant salut. Notre bien amé Guillaume Lallemant nous a exposé que long temps y a que ses prédécesseurs sont venus du pays d'Allemaigne en cestuy nostre royaulme pour servir nos prédecesseurs au faict dés guerres, et depuis ont toujours esté naturels subjects par le moyen des chartes à eulx de ce octroyées, continuans à faire service et faisant leur demeure et résidence en nostre ville de Bourges

en laquelle, puis naguères, Nous avons establi les foyres
franches ; et ferait le dit exposant volontiers quelque
faict et traffic en icelles s'il luy estoit par Nous permis
sans nuisance ou doumage de son estat de noblesse,
requerant luy octroyer grâce de ce faire. Si avons permis et octroié, et de nostre grâce permettons et octro-
yons au dit exposant que durant le temps de cinq ans
il puisse et lui loise par luy, ses facteurs et serviteurs
faire faict et traffic esdictes foyres, sans nuysance ou
préjudice de son estat de noblesse. Si vous mandons
que du contenu cy dessus vous fassiez et laissiez joïr l'exposant sans empeschement à ce contraire.

Donné à Saumur le sixième d'octobre, l'an de grâce
1486 et de nostre règne le troisiesme. Signé Foucherat
et scelle de cire verte sur double queue. — Vidimus de
1561.

Biblioth. Nat. — Pièces orig. 2580.

VII

FONDATIONS EN L'ÉGLISE DE SAINT-LAURIAN DE VATAN PAR RAVAUD LE ROY, ARCHIDIACRE DE BOURBON

(1502)

Anno Domini millesimo V^{cc} secundo, XIX^a februarii,
sub tumba anteriore, inhumatus est, cum magistro Gal-
tero ejus fratre, venerabilis vir magister Ravaudus Regis,
quondam canonicus prebendatus et archidiaconus de
Borbonio in hac ecclesia, et prior ecclesie secularis
Beati Lauriani de Vastino qui, pro salute anime sue,

dicti ejus fratris ac nobilis viri Jacobi Regis, Domini sancti Florentii supra Carum, eorum patris, suorum que parentum, in præsente ecclesia, singulis annis, perpetuo fundavit obitus et missas solemnes ordinatas celebrari... Et primo obitum dicta die inhumationis in quo venerabilibus decano et capitulo decem libre, vicariis vigenti quinque soldi; secundo obitum XI^a Augusti; tertio unam missam de Beata Virgine Maria cum tribus collectis in qua jam dictis venerabilibus sex libre, vicariis vigenti soldi; quarto obitum XX^a septembris; quinto unam missam de sancto Andrea apostolo... Cujus anima requiescat in pace. Amen.

Au bas de cette inscription y a deux écussons qui paraissent de sable chargés de neuf feuilles de trèfle.

(*Bibl. nat. — Cabinet des Titres*, 2580.)

VIII

INSCRIPTION TUMULAIRE DE JEAN LE ROY, EN LA CATHÉDRALE DE PARIS

(1613)

Cy gist monsieur maistre Iean Le Roy, en son vivant conseiller du Roy en sa court de parlement de Paris, chanoine et archidiacre de Iosas en l'église de céans, abbé des abbayes de Sainct-Martin d'Esparnay, et de Sainct-Pierre lez Selincourt, seig^r de Dames de Sainctes, Marmaignes et de Buxières d'Aillac, issu de l'antienne maison noble de Sainct-Fleurant au pays de Berry, lequel deceda en sa maison canonialle le dixiesme jour de febvrier en l'an M. DC. XIII. et de son aage au soixante et unziesme.

Priez Dieu pour luy.

10. Regius cui antiquum genus ac nobile apud Bituriges causas aliquamdiu in senatu gravit clerique Gallici patrocinio per aliquot annos decoratus Eama præsulibus Henricoque tertio inivit gratiam ut quod summum infracto jam seculo beneficium ad senatorias apices citra æs et libram provectus fuerit.

Vixit senator atque in hac celleberrima totius Galliæ ecclesia canonicus et archidiaconus de Iosaro (*sic*) per annos XXVII.

Devixit anno Dni M. DC. XIII, septuagenario maior. Marmor istud fixerunt literatum proximi procurante Claudio Bellot hujus ecclesiæ canonico supremæ que optimi ac pientissimi domini curæ executore impetrata prius a d. d. decano et capitulo venia, anno MDCXIII.

Hic expectat resurrectionem.

Tombe de marbre noir dans l'aisle à droite du chœur de Notre-Dame de Paris.

Biblioth. nat. Pièces orig. 2580.

IX

PROCÈS-VERBAL D'INFORMATION ET DE PREUVES
DE NOBLESSE
DE Mre ADRIEN LE ROY, CHEVALIER, SEIGNEUR DE MARMAGNE
GENTILHOMME DE MONSEIGNEUR LE DUC DE CHARTRES
REÇU CHEVALIER DE JUSTICE
DANS LES ORDRES ROYAUX, MILITAIRES ET HOSPITALIERS
DE N.-D. DU MONT-CARMEL ET DE SAINT-LAZARE

(25 février 1721)

L'an mil sept cent vingt un, le 17e jour de février au matin, à nous frère Jacques Paul de Bar, marquis de Burenlure, chevalier de l'ordre royal militaire et hospitalier de N.-D. du Mont-Carmel et de Saint-Lazare de Jérusalem, et frère Noël-François de Brion, marquis de Marolles et de Combronde, chevalier et commandeur dudit Ordre, ont été présentées par Adrien Le Roy de Marmagne, gentilhomme de Mgr le duc de Chartres, certaines Lettres émanées de très haut et très puissant et très excellent prince Mgr Louis d'Orléans, duc de Chartres, premier prince du sang, premier pair de France, gouverneur et lieutenant pour le roy de la province du Dauphiné, et Grand-maître, tant au spirituel qu'au temporel de l'ordre royal, militaire et hospitalier de N.-D. du Mont-Carmel et de Saint-Lazare de Jérusalem, Bethléem et Nazareth, tant deça que delà les mers, par lesquelles il nous est mandé de nous informer et diligemment enquérir de la religion, vie, mœurs, naissance, noblesse et services dudit sieur de Marmagne, présenté pour être reçeu chevalier dans le dit ordre, les dites Lettres datées du 15 février 1721, signées *Louis d'Orléans* et plus bas par monseigneur *Doublet*, scellées des armes de mondit seigneur le Grand-maître.

Pour la quelle commission mettre à exécution, nous, à la prière dudit sieur de Marmagne, et après qu'il nous a fait apparoir la quittance du trésorier-général de l'ordre, nous serions aujourd'hui assemblés en la maison de nous, dit frère de Burenlure, 16, rue Notre-Dame des Victoires, pour y entendre et recevoir la déposition des témoins par lui produits et cy-après nommés pour l'information de ses bonnes vie et mœurs, religion catholique, apostolique et romaine.

Et à l'instant sont comparus devant nous, commissaires susdits, messire Renaud Darias Daraise, abbé de Saint-Rambert, aumônier ordinaire de **S. A. R.** Mme la duchesse d'Orléans, âgé de 58 ans, demeurant à Paris aux Quinze-Vingt, lequel après avoir fait serment en nos mains de dire vérité. Enquis s'il est parent dudit sieur de Marmagne, présenté ? A dit que non. — S'il le connaît depuis longtemps ? A dit qu'il y a 16 à 17 ans. — S'il sait son nom et le lieu de sa naissance ? A dit qu'il s'appelle Adrien Le Roy de Marmagne et qu'il est de Bourges. — S'il fait profession de la religion catholique, apostolique et romaine ? A dit que oui. — Si lui ou ses ancêtres sont descendus de races de juifs, maraus, sarazins ou mahométans ? A dit que non. — S'il a fait profession en quelque ordre régulier ou autre religion ? A dit que non. — Si ses père, mère, ayeuls, bisayeuls ont exercé art, marchandise ou banque ? A dit que non. — S'il est obligé envers autruy en grande somme de deniers ? A dit que non. — S'il a commis quelques actions dignes de repréhension de justice ? A dit que non. — S'il est sain de corps et d'entendement et propre à l'exercice des armes ? A dit que oui. — Et après que lecture a été faite audit sieur abbé de Saint-Rambert, il a persisté et signé en la minute des présentes : *Darias Daraise,* abbé de Saint-Rambert.

Haut et puissant seigneur Mre Robert de Beauveau, colonel d'infanterie, âgé de 45 ans, demeurant à Paris, rue de l'Echelle, lequel après avoir fait serment en nos mains de dire vérité, enquis s'il est parent dudit seigneur de Marmagne, présenté, a dit que non. — S'il le connait depuis longtemps ? A dit qu'il y a deux ans. (Etc. même interrogatoire et mêmes réponses.)

Mre Jean-Baptiste de Crécy, brigadier des armées du roi, premier maître de la garde robe de son A. R. Mgr le duc d'Orléans régent, âgé de 47 ans, demeurant à Paris rue du Mail, etc. (Même interrogatoire.)

Et le même jour est encore comparu, pardevant nous commissaires susdits, le dit seigneur de Marmagne, présenté, lequel désirant prouver suivant les statuts du dit ordre, sa religion, naissance, noblesse et services, il nous aurait mis ès mains les titres dont il entend se servir à cet effet, et nous aurait requis de les examiner et employer par extraits dans notre procès-verbal, ce que nous lui aurions accordé, après qu'il a juré et affirmé qu'ils sont véritables, et qu'il a signé en la minute des présentes, ainsi signé : *Le Roy de Marmagne.*

Et procédant au dit examen, nous avons vu : (suit la désignation minutieuse des pièces produites qui sont :)

1º L'extrait baptisaire d'Adrien Leroy, fils de Claude chevalier, seigneur de Buxière et de Marmagne et de Catherine Heurtaut, 7 août 1689.

2º Contrat de mariage de Claude, fils de haut et puissant seigneur Adrien Le Roy, chevalier, seigneur et baron de Buxières d'Aillac et de Marmagne, et de haute et puissante dame Charlote Chauvelin, avec Catherine Heurtaut le 6 février 1687.

3º Maintenue de noblesse du 24 décembre 1715 en faveur de Claude Le Roy, chevalier, seigneur baron de Buxières et de Marmagne, Adrien et Ignace ses enfants.

4º Contrat de mariage de Mre Adrien Le Roy, chevalier, seigneur de Marmagne et de Buxières et de Charlotte Chauvelin du 30 janvier 1654.

5º Arrêt du Conseil d'État du roi du 31 mars 1667, portant maintenue de noblesse en faveur de Adrien Le Roy, seigneur de Buxières et de Pecy (*sic*) lequel en avait justifié par titre depuis l'an 1491.

6º Testament de Me Henri Le Roy, abbé commandataire de Mureau, fils aîné de feu Me Jean-Jacquès Le Roy, chevalier, seigneur de Marmagne et de Buxières, daté du 1er juin 1646 et instituant son héritier universel Adrien son frère, « pour luy donner moyen de maintenir l'honneur et les armes de sa maison. »

7º Contrat de mariage de Me Jean-Jacques le Roy chevalier, baron de Buxières d'Aillac, de Marmagne, de Villuys, de Chanteclair et de Foussat, avec Marie du Drac, en date du 26 février 1618

8° Testament de Jean Le Roy, prieur de Dames-Saintes, du 20 septembre 1612, par lequel il donne à Jean Jacques Le Roy la terre de Buxières d'Aillac.

9° Sentence des Élus de Bourges du 3 juin 1634, par laquelle Jean-Jacques Le Roy, seigneur de Marmagne, de la Tremblaye et de Buxières d'Aillac, est maintenu dans les privilèges et exemptions de la noblesse.

10° Contrat de mariage passé le 12 novembre 1582 entre Gabriel Le Roy, écuyer, seigneur de Moulin-Neuf, fils de Jacques Le Roy, écuyer, seigneur de Saint-Florent, de Saint-Capraix, de Nozay, du Tremblay et du Ruau et de Françoise Lallemant, avec Claude de Villiers dame de Vimpelles.

11° Procès-verbal et Vidimus du 12 juillet 1561 fait pour les preuves de l'ordre de Malte, langue d'Auvergne, pour Gabriel Le Roy, dans lequel sont rapportées 1o des lettres de Philippe le Hardi données à Lorris au mois de juillet 1277, dans lesquelles Pierre Le Roy est qualifié *chevalier, Petro dicto regi militi.* 2° Autres lettres du même roi données à Paris au mois de février 1278 portant la même qualification de *chevalier* ; 3° une épitaphe étant en l'église paroissiale du Fourchaud et contenant : *Cy devant gist feu Gaultier le Roy en son vivant seigneur de Saint-Florent et de Saint-Capraix, et Jacquelin Le Roy son fils, écuyer, en son vivant premier pannetier de très haut et très puissant prince Mgr le duc de Berry. Priez Dieu pour eux, qui ce regardez, et pour leurs prédécesseurs, car tels serez quoyque vous tardiez.*

Aux deux bouts de laquelle épitaphe sont deux écussons de sable semés de trèfles d'or ; 4° Extrait d'une autre épitaphe étant en l'église des Cordeliers, à moitié effacée, et portant que Martin Le Roy, seigneur de Saint-Florent, maistre d'hostel de très haut et très puissant prince le duc de Berry et d'Auvergne trépassa le premier jour de l'an 1410, et Jacques Le Roy, son fils, ecuyer-tranchant du dit prince et depuis ecuyer de cuisine du roy Charles VII, le 24 avril 1468, avec un écusson de sable au-dessus, semé de neuf trèfles d'or, cet acte signé *Bauchet* ; 5° Contrat de mariage de noble homme Jean de la Marche, Seigneur de Buxières d'Aillac, fils de feu Berangon de la Marche et de Marguerite de Saint-Georges, accordé le 26 février 1548 avec damoiselle Marie Le Roy, fille de noble homme Jacques Le Roy, seigneur de Saint-Florent et de Françoise Lallemant, lesquels donnent à leur fille 3,500 livres tournois moyennant quoi elle renonce à leur succession au profit de ses frères, etc. ; 6° Testament original de Martin Le Roy, écuyer, seigneur de Saint-Florent-sur-Cher fait le 17 septembre 1491 ; 7° Extrait de *l'Histoire du Berry*, par le sieur de la Thaumassière, imprimée à Bourges, en l'an 1689.

Les armes de Le Roy sont de sable à neuf trèfles d'or sans queue, posées 3, 3, 2 et 1.

Ce fait, nous, commissaires susdits et soussignés, avons clos notre présent procès-verbal les dits jour et an que dessus et avons jugé que le dit sieur Adrien Le Roy de Marmagne, présenté, est de qualité à être reçu chevalier de justice de l'ordre royal, militaire et hospitalier de Notre-Dame du Mont-Carmel et de Saint-Lazare de Jérusalem, s'il plait à Mgr le Grand-maître de luy faire cet honneur et le dispenser des preuves de noblesse du côté maternel ; et pour témoigner que notre dit procès-verbal contient vérité, nous l'avons signé et à iceluy apposé le cachet de nos armes pour être mis entre les mains de M. le Procureur-général de l'ordre et ensuite en celles de M. le Chancelier du dit ordre, pour en faire rapport au prochain conseil.

Ainsi signé : *de Bar de Burenture* et *de Brion* et scellé du sceau des armes des dits sieurs commissaires.

Bibliothèque nat. — Cabinet des titres. — Pièces originales, 2580.

TABLE

—

———

BOURGES. — TYP. TARDY-PIGELET.